D1717906

Peter Körte

Hedy Lamarr

Die stumme Sirene

belleville

© 2000 belleville Verlag Michael Farin
Hormayrstraße 15 · 80997 München
Satz: Mangasser, Mering
Druck/Bindung: Wiener Verlag, Himberg

ISBN 3-933510-17-1

INHALT

Danksagung

Mein besonderer Dank gilt Michael Althen (München), Frank Arnold (Berlin), Daniel Blum (Mainz) sowie Elke und Gundolf S. Freyermuth (Snowflake) für ihre Hilfe beim Beschaffen der unerläßlichen Hedy-Videos. Und ohne das Equipment von Mark Gläser (Frankfurt) hätte sich ein Teil der Kassetten gar nicht erst abspielen lassen.

I.

AUF DER SUCHE NACH DEM VERLORENEN MOMENT

Don't try to understand it
It won't get very far
Even the Great Pretender
Is really as naked as Hedy Lamarr.

(Al Stewart, The Age of Rhythm; Between the Wars)

Eine Offenbarung nennt man das vielleicht anderswo. Oder einen Blitz-schlag, weil zwischen bloßer Wahrnehmung und bewußtem Blick eine winzige Zeitspanne vergeht. Alles weitere besteht darin herauszufin-den, was in dieser unbestimmten Zeit geschah, und manchmal wird aus der Suche nach dem verlorenen Moment eine längere Geschichte. Als ich 1988 im ›Spiegel‹ den Vorabdruck von Passagen aus Otto Friedrichs Hollywood-Buch ›Markt der schönen Lügen‹ (Original: ›City of Nets‹ 1986) las, erschien mir auf einmal ein Gesicht im Halbprofil. Erst beim Weiterblättern regte sich das Bedürfnis, noch einmal hinzuschauen und zu begreifen, warum das Bild sich über den Text legte, der mich zunächst umblättern ließ. Ich kannte das Gesicht nicht, und ich konn-te es nicht in die vierziger Jahre einordnen; ich konnte nicht sagen, was mir an ihm so ›modern‹ erschien, und schon das Wort ›modern‹ erschien mir zweifelhaft.

Natürlich paßte das Kostüm mit dem abstrakten, unruhigen Muster, schwarz auf hellem Grund, mit der langen taillierten Jacke und dem schwarzen Kragen in die Zeit. Der Blick, der ganz leicht geöffnete und zu einem angedeuteten Lächeln verzogene Mund, voll, vermutlich mit einem dunklen Rot geschminkt und deshalb voller als in natura, die mit-telgescheitelten, nicht ganz schulterlangen Haare, leicht gewellt – da kam sie mir vor wie eine nostalgisch gestylte Frau aus späteren Jahr-zehnten. Wenn man sie heute noch einmal so sehen würde, wäre sie

7

wohl noch weniger fremd, denn längst ist das Revival dieser Mode schon wieder in die Vergangenheitsform gerutscht. Damals war es die Überraschung, unter all den bekannten Gesichtern der vierziger Jahre eines zu entdecken, das für Sekunden, nur für ein Augenzwinkern, aus der Zeit gefallen schien.

Der Mann mit dem baumdicken, stark behaarten Unterarm, den aufgekrempelten Hemdsärmeln, dem schütteren Haar und dem zähnebleckenden Lachen, der ihr die Hand schüttelt, kräftiger wohl, als es nötig wäre, die beiden Männer im Hintergrund, der eine halb verdeckt, sie sind durch ihre Krawatten, durch den Schnitt von Anzug und Hemdkragen mühelos in ihre Zeit einzuordnen. Vom Raum ist wenig zu erkennen: Stühle, ein Podium, der Schriftzug ›Welcome‹, ein paar Sterne der Stars & Stripes, der amerikanischen Fahne. Kriegsanleihen hatte sie bei jenem Anlaß verkauft, bei dem das Foto entstand, sagte die Bildunterschrift, und für jeden Mann, der eine Anleihe zeichnete, gabs einen

Kuß von Mrs. Hedy Lamarr. So verkaufte sie an einem Tag – war es dieser? – ›war bonds‹ im Werte von über sieben Millionen Dollar. Schöner war Patriotismus vermutlich nie.

Ich kannte sie doch, wie mir allmählich klar wurde, aus ›Ekstase‹, dem Skandalfilm, den ich irgendwann Ende der siebziger Jahre gesehen haben muß, im Vortragssaal eines Landesmuseums, das notdürftig für Filmvorführungen eingerichtet war, in dem vor allem Stummfilme gezeigt wurden, als bräuchten die keine besseren Rahmenbedingungen. Da machte eine junge Frau namens Hedwig Kiesler ein Gesicht, von dem man einen Orgasmus ablesen sollte und mit entsprechender Hingabe auch konnte, ganz nah; dann wieder war sie ganz fern und nackt, so daß man sie kaum erkannte, während sie zwischen Bäumen einen Abhang hinunterlief, um in einen See zu springen. Die Kamera schien kilometerweit von ihr entfernt, dann wieder näher, als sie auf dem Rücken dahintrieb, nur den Kopf über Wasser. Ein Stummfilmschönheitsideal, dunkle Haare, sehr jung und sehr schnell vergessen, die Eindrücke so verwaschen wie die Bilder der Kopie. Andere Gesichter aus der näheren Vergangenheit sagten mir damals mehr. Barbara Stanwyck in ›Forty Guns‹ oder Joan Crawford in ›Johnny Guitar – Wenn Frauen hassen‹. Hedy Lamarr habe ich fast zehn Jahre nach dem Abend im Landesmuseum nicht mehr gesehen, und an sie gedacht hatte ich schon gar nicht. Das Rinnsal von Informationen, die ich dem Faltblatt zum Film entnahm, war rasch versickert. ›Ekstase‹ hielten wir damals nicht für einen der Filme, die man unbedingt gesehen haben sollte.

Das Bild wurde zur schwachen Spur, und die Spurensicherung verlief zögerlich. Die Faszination des Gesichtes aber blieb. Eine Verschollene, die man entdecken mußte? Ein Schatten aus Filmen, die so unsichtbar schienen wie die wortreich beschworenen in den Büchern, die ich damals las und deren Bilder ich nicht sehen konnte, weil das Fernsehen sie nicht zeigte und weil es in der Stadt, in der ich studiert hatte, kein Kino gab, das mehr als die Klassiker von ›Der letzte Mann‹ bis ›Metropolis‹ gespielt hätte. Ein Buch fiel mir dann schnell in die Hände: ›The Films of Hedy Lamarr‹ von Christopher Young, achtlos in einem Regal plaziert zwischen anderen Filmbüchern im Büro eines Kommunalen Kinos. Es vervielfältigte das Gesicht, ließ es bisweilen in anderen verschwinden, die ihm so wenig ähnlich waren, und ließ noch einmal, leicht abgeschwächt, das Gefühl von vager ›Modernität‹ entstehen: in ›Ziegfeld Girl‹, wo sie wie ein Wesen von einem anderen Stern neben den hausbacken wirkenden Judy Garland und Lana Turner stand.

Immerhin ein Pegelstand: So berühmt muß sie gewesen sein, daß man ihr 1978 in der Reihe von ›The Citadel Press‹ einen Band gewidmet hatte, neben Ikonen wie Humphrey Bogart oder John Wayne, Jimmy Cagney oder Bette Davis. Natürlich war das Buch schon lange vergriffen. Dafür ließ sich über ein Antiquariat schnell ein anderes Buch beschaffen: ›Ekstase und ich‹, Hedy Lamarrs Autobiographie aus dem Jahre 1966. Ich las sie zunächst voller Neugier, doch bald gelangweilt – ein schwaches Echo der Skandale von einst, eine Hollywood-Biographie, die sich von anderen nur durch die Zahl der Affären und Bettgeschichten unterschied. Geplapper aus sechs Ehen, voller Namen und vor allem voller Leerstellen, dort, wo die Betreffenden noch am Leben waren. Das Bild und das Wissen, das sich mit der Zeit ansammelte, wollten nicht zueinander passen.

Die eigenen kleinen Obsessionen gehen seltsame Wege, wenn sie sich an Phantome, an Schatten heften. Sie lassen immer wieder nach, ruhen scheinbar irgendwo für sich, bis sie einen das Ergebnis ihrer Gärung spüren lassen. Warum überhaupt Hedy Lamarr? Diese Frage mit mehr als einer Handvoll Floskeln – schön, vergessener Star, tragischer Niedergang, Hollywood, Filmkritikerpassion – zu beantworten, ist mir weder damals noch heute gelungen. Wer nicht den Ehrgeiz hat, als sein eigener Shrink oder Beichtvater zu amtieren, wird sich auch das Rätsel nicht nehmen lassen, sondern den merkwürdigen Eingebungen und verborgenen Energien folgen, weil er sie mit der Zeit als immer neue Antwortversuche verstehen lernt. Es muß Monate nach dem Blick ins Bild gewesen sein, daß ich auf einmal meinte, mir die Faxnummer von ›The Citadel Press‹ in Secaucus, New Jersey, besorgen zu müssen. Meine Bitte, mir die Adresse von Christopher Young, dem Autor des Buches, zu beschaffen, wurde in weniger als einem halben Tag erfüllt. ›Christopher Young has deceased‹ hatte eine unbekannte Person mit Schreibmaschine auf meinen Fax-Brief geschrieben. Mehr nicht. Christopher Young war also tot, der im Buch noch auf zwei Fotos mit Hedy Lamarr in ihrer New Yorker Wohnung zu sehen war, Ende der siebziger Jahre. Und eigentlich wußte ich gar nicht, was ich mit der Adresse von Christopher Young hätte anfangen sollen. Einen Kontakt zu Hedy Lamarr herstellen? Für ein Buch, für ein Porträt einer halbvergessenen Schauspielerin?

Manchmal gibt man dann doch nicht auf, auch wenn die Wege, auf denen man irgendwohin vorankommen will, einem von vornherein idiotisch vorkommen. Ein Anruf bei der Fernsprechauskunft. Natürlich wäre ihre Nummer, wenn es denn eine geben sollte, nicht verzeichnet. ›Eine Teilnehmerin in New York City, bitte.‹ Die Frau am Auskunftsplatz, ihrer Stimme nach eher aus meiner Generation, fragte zu meiner Überraschung: ›Ist das nicht die Schauspielerin?‹ Und zur noch größeren Überraschung gab es eine Nummer. Ein Anruf in New York, ein Anrufbeantworter mit einer Männerstimme, ohne Namensnennung. Eine ›drag queen‹, wie sich beim zweiten Versuch herausstellte. Ein(e) Verehrer(in). Und große Verwunderung, daß sich jemand in Deutschland dafür interessierte. ›Good luck‹ für meine weiteren Bemühungen. Hedy Lamarr lebe in Florida, soweit er gehört habe, sagte die ›drag queen‹.

Und wieder entstand eine längere Pause. 1991 schickte mir ein Münchener Filmemacher, dem ich mal von meiner verschwiegenen Passion erzählt hatte, eine Notiz aus der Rubrik ›Vermischtes‹ in der ›Süddeutschen Zeitung‹. In Florida hatte man Hedy Lamarr beim Ladendiebstahl erwischt, zum zweiten Mal nach 1966. Damals hatte es noch für die Titelseite der ›Los Angeles Times‹ gereicht. Dieses Mal war die Aufregung gering. Doch mein Interesse war wieder geweckt. Ich bekam eine Adresse, ein Professor aus Los Angeles steuerte sie bei, der im Zuge seiner Exilforschungen auch mit Mrs. Lamarr Kontakt aufgenommen hatte. Es wurde 1992, bis ich einen Brief abschickte, der selbstredend unbeantwortet blieb. Vielleicht war da schon die Adresse falsch, denn eine Internet-Recherche fünf Jahre später nannte zwar nicht die genaue Anschrift von Hedy Lamarr in Florida – die hätte man sich zusammen mit einem Dutzend weiterer Staradressen für ein paar Dollar besorgen müssen –, zeigte aber auf einem Kartenausschnitt unmißverständlich, daß meine Angaben nicht stimmten.

Mag sein, daß sie auch mal in Miami gewohnt hatte. Deutsche Professoren sind schließlich gründlich. Aber was tun? Nach Florida fahren? Ein Fan, dessen Begeisterung die zurückgezogen lebende Diva von einst dazu bewegt, mit ihm zu reden? Die verwischten Erinnerungen einer alten Frau, Bitterkeiten mit gelegentlichem Goldrand? Am Ende so etwas wie: Norma Desmond lebt nicht mehr hier? Solche Abenteuer, solche seltsamen Pilgerfahrten finden nur in Filmen oder in Büchern statt, und sie sich auszumalen, ist vermutlich die Haltung, mit der man sich seine kleine Obsession bewahrt. Ein Spiel an der Grenze, wo die Fiktionen der Leinwand ins Leben ausfransen, die Vorstellung einer Geschichte, die jeder denkbaren Verwirklichung stets überlegen ist, weil sie nie zuende erzählt werden muß.

Einen Verlag für ein Lamarr-Buch zu finden, schien damals ohnehin unmöglich; zu viele hatten mangels kommerzieller Aussichten abgewunken, auch österreichische Verlage, bei denen eine Anfrage mit Blick auf den 80. Geburtstag plausibel erschienen war. Als die Viennale 1993 eine große Retrospektive zu den Österreichern im Exil veranstaltete, wurde Hedy Lamarr gar nicht erst erwähnt. Das kann man vertreten, denn eine klassische Exilantin war sie nicht. Wieder wurde die Pause lang, ich sah in der Zwischenzeit immerhin ›White Cargo‹ in einer 16-mm-Kopie, die das Hamburger Metropolis-Kino erworben hatte, dazu ›The Conspirators – Ring der Verschworenen‹, ›Experiment Perilous‹ und ›Samson und Delilah‹ im Fernsehen. Die periodische Faszination war längst wieder abgeflaut, als Hedy Lamarr 1997 erneut auftauchte, wo keiner sie erwartet hätte, in der Rubrik ›Wissenschaft‹. Ein längerer Artikel in der ›Zeit‹, basierend auf Berichten der amerikanischen Nachrichtenagentur Associated Press über eine Erfindung, an der Hedy Lamarr Anfang der vierziger Jahre beteiligt war und der sich die Basistechnologie fürs Mobiltelefon verdankte. Ich legte es ab als Kuriosität, wie die Kopien, die Bilder, die Notizen.

Ein so unzuverlässiger Magnet braucht sein spezifisches Feld, dessen Längen- und Breitengrade einem selbst vorab nie bekannt sind. Ich geriet 1997 noch einmal hinein, im ›Museum of Television and Radio‹ in Beverly Hills, das als Ableger des New Yorker Museums an der Westküste eröffnet worden war. Einmal Volltextrecherche am Computer, zwei Treffer. Auszüge aus einem Western fürs TV, ein Auftritt mit immer noch sehr hartem Akzent im amerikanischen Urbild für Robert Lemkes ›Was bin ich?‹ Keine Aura erhellte den Schirm, kein Funke vorm kleinen Monitor; da saß eine mit viel kosmetischer Anstrengung jung erhaltene Fünfzigerin, die agierte, wie Prominente in Fernsehsendungen mit

Prominenten agieren. Etwas zickig, etwas affektiert, im Gestus einer Person, die sich ihre im Verschwinden begriffene Wichtigkeit fortlaufend selbst beglaubigen muß, ohne dabei zu überzeugen. Nicht besser, nicht schlechter als ihre Mitstreiter und immer noch aparter als Marianne Koch beim Schweinderlfüllen.

Die Frau auf dem Bild jedoch war verschwunden – oder sie war im Bild geblieben, das in Bewegung setzen zu wollen womöglich der Fehler war. Es war einfach nur ein Sammeln ohne brauchbaren Kompaß, ich war neugieriger auf Daten und Informationen über sie als auf anderes, wie im Museum – mehr nicht. Vielleicht ein Projekt für den Vorruhestand, vielleicht eine Idee, die nie zu verwirklichen sie reizvoller erscheinen ließ als die Detailarbeit an einem Projekt? Als ich bei der Buchmesse 1997 dann auf einem Empfang mit Michael Farin über Filmbücher sprach, waren das auf einmal keine Fragen mehr, die ich noch hätte beantworten müssen. Die Spekulation ging in die Praxis über. Und deswegen beginnt das Buch erst hier, obwohl es doch eigentlich schon lange angefangen hatte, ohne ein Buch sein zu müssen.

Hedy Lamarr, 1939, als *Lady Of The Tropics*

II.

›ANY GIRL CAN BE GLAMOROUS‹ – EINE LEINWANDGÖTTIN IN DER MÖGLICHKEITSFORM

In der Galerie

Am Anfang war das Wort, und es war ein Mißverständnis. ›Come with me to the casbah‹, ›Komm mit mir in die Kasbah‹, so lautet der Satz, der zum geflügelten Wort wurde, obwohl er nie gefallen ist, so wenig wie ›Play it again, Sam‹, ›Spiel's noch einmal, Sam‹, in ›Casablanca‹. ›Algiers‹, 1938 gedreht, hat sich als mythischer Ort auf der Weltkarte des Kinos zwar nicht gegen ›Casablanca‹ (1942) behaupten können, doch wie Pepe Le Moko die schöne Gaby, so kann man zum Gang durch eine imaginäre Galerie einladen, die so verwinkelt und deren Augenschein so trügerisch ist wie die Gassen der Kasbah. An den Wänden der Galerie findet sich eine Kollektion von Stills, Publicity shots und anderen stummen Posen, die sich jeder nach seinen eigenen Wünschen gruppiert. Man kann verweilen vor ihnen, man darf sie nur nicht in Bewegung versetzen wollen, dann verfliegt ihr Zauber.

1939, da posiert eine 25jährige mit einem vage fernöstlich anmutenden Phantasiekopfschmuck, an die Dachkonstruktionen buddhistischer Tempel erinnernd, ausgeschmückt wie von einem der Ausstatter, die heute das Interieur von China- oder Thairestaurants entwerfen. Brokat- und Goldglanz des Gewandes sind noch im Schwarzweißbild erkennbar, ein schwerer Armreif und ein üppiger Ring, der zwei Finger überspannt, fallen ins Auge. Doch das Zentrum des leicht nach links gekippten Bildausschnitts bildet ein klares, reines Gesicht, das einen zusätzlichen Schimmer erhält durch die Lichtsetzung; die Brauen sind makellos gezupft, die Kopfbedeckung schließt an der Stirn mit dem Haaransatz ab und reicht an den Seiten fast bis zum Kinn hinab. So rahmt sie das Gesicht und arbeitet dessen helle Fläche noch einmal heraus; nur die Mundpartie ist ein wenig verschattet, unterstrichen noch

15

durch den dunklen Ton des Lippenstifts. Die Arme sind ansatzweise gekreuzt wie bei einer Tempeldienerin, die zur Befolgung eines unbekannten Rituals auffordert. Je länger man das Foto von Laszlo Willinger betrachtet, desto mehr stellt sich jedoch auch ein Eindruck von leiser Schwermut ein. Der Blick ist fast leblos, die ganze Haltung so starr wie bei den Götzen, die man undeutlich im Bildhintergrund ausmachen kann. Der Publicity shot für ›Lady Of The Tropics‹, das Kostüm des großen MGM-Designers Adrian, sie reproduzieren eine Exotik, die eklektisch alle möglichen Merkmale des ›Fernöstlichen‹ kombiniert, und so, wie sich Hollywood seine pseudo-asiatischen Ansichten entwirft, macht es auch die Protagonistin zur ›Exotin‹.

Ein Jahr zuvor hat sie für Clarence Sinclair Bull Modell gesessen, in einer so simplen wie brillanten Schwarzweißkomposition, die Vertikale und Horizontale perfekt ausbalanciert. Ein Publicity shot ohne Bezug zu einem bestimmten Film. Sie sitzt in der unteren Hälfte des Bildes auf einem weißen Sofa, dessen Schatten auf die Wand hinter ihr geworfen wird; ihr dunkles Samtkleid, das die Schultern nicht ganz bedeckt, ergießt sich über die Sitzfläche. Ihr Gesicht erscheint in der Halbnahen exakt in der Mitte des Fotos, hinter ihrem Kopf ragt ein Lichtkegel in die Höhe, der sich nach oben hin weitet und diffus wird. Sie wirkt unnahbar, wie eine im Gegenlicht inszenierte Statuette. Der Mittelscheitel ihrer Frisur wird modische Maßstäbe setzen, ihr Kopf ist unmerklich nach rechts geneigt, die Arme sind weit ausgebreitet, die Hände umfassen sanft die Seitenlehnen des Sofas, als suchte sie nach Halt, wodurch das Herrschaftliche der Pose unterminiert wird – eine Frau, eine junge Dame, die, scheinbar entspannt, trotzdem auf etwas zu warten scheint, einsam inmitten eines weiten Bildraums. Wieder, bei längerem Blick, stellt sich eine unterschwellige Melancholie ein. Der Halbschatten auf Hals und unterer Gesichtshälfte scheint auch auf ihrem Gemüt zu liegen.

Und sie wurde für die Kamera noch schöner. Wie aus dem Dunkel gemeißelt wirkt sie 1941, ebenfalls fotografiert von Clarence Sinclair Bull. Nur die linke Gesichtshälfte ist erkennbar, nur der Haaransatz, nur die Hälfte eines vollen und sanft geschwungenen Mundes. Das Licht arbeitet die klare Kinnlinie heraus und zeigt die schönen, langen Finger der linken Hand, die die Haare berühren, als hätte sie sie gerade zurückgestrichen und stützte nun den Kopf ab. Über dem linken Auge liegt noch ein effektvoller Schatten, aus dem Dunkel unterhalb des Halses blinkt eine Perlenkette. Ihre marmorne Schönheit wirkt vor allem in der Andeutung. Das Chiaroscuro weckt die Vorstellungskraft und läßt sie geheimnisvoller erscheinen als in einer Ansicht des ganzen Gesichts; sie wirkt zum Greifen nah und ist doch entrückt. Der versonnene, durch den Schatten verschleierte Blick führt diagonal aus dem Bild nach oben. Scheinbar unberührt vom mechanischen Auge der Kamera, wirkt sie autonom, obwohl doch erst jenes Auge und die Malerei des Lichts sie so schön sein lassen. Und zugleich verleiht das subtile Spiel von Licht und Schatten ihrem Gesicht etwas Maskenhaftes.

Oder die Ankunft in Los Angeles 1937, im Reisekostüm mit hellen Nadelstreifen. Auf den Griffen eines Gepäckkarrens hat sie sich niedergelassen, wie verloren. Die Hände sind verschränkt, als wollte sie sich an sich selbst festhalten, als wäre sie verlegen. So kommt man an in einer fremden Welt, voller Hoffnung und leiser Ungewißheit, mit gemischten Gefühlen: eine Pose, die eine Befindlichkeit der Person in das Arrangement aufgenommen hat und zum gewünschten Effekt modelliert. In einer Aufnahme vom Anfang der vierziger Jahre, im Haus von Basil Rathbone bei einer Abendgesellschaft, wirkt sie ernster und schon gealtert, neben den Frauen von Charles Boyer, Douglas Fairbanks und neben Marlene Dietrich, auf deren Lippen ein leicht ironisches Lächeln zu liegen scheint. Hedy Lamarrs Lippen sind im Kontrast zu den entspannt wirkenden Mundpartien der anderen Frauen fest verschlossen, ein wenig abwesend wirkt sie auf dem Bild, viel zu angespannt für den heiteren Schnappschuß. Etwas Damenhaftes, Zurückhaltendes kehrt sie später noch stärker hervor. Sehr aufrecht gehend, das Kinn leicht gehoben, läßt sie in den langen, eleganten Abendkleidern Arroganz und die Gewißheit erkennen, für die Kamera des Fotografen eine gute Figur zu machen. Aber nicht einmal in diesen scheinbar so selbstgewissen Auftritten will ein Anflug von Unbehagen, von Unsicherheit aus ihrem Gesicht weichen. Als könnte sie Momente lang nicht glauben, daß sie wirklich dort ist. Dann wieder mutet sie geradezu bieder in Kleidung und Mimik an, wenn sie für den Fotografen die gute Tochter gibt und 1942 in Pasadena ihre Mutter Gertrud begrüßt und ihr ins Auto hilft.

Die nicht in stundenlangen Studio-Seancen arrangierten Aufnahmen vertiefen den Eindruck einer fast unmerklichen Deplazierung. Im Hollywood Palladium sitzt sie 1942 während eines Militärballs zwischen ihrem damaligen Kurzzeit-Verlobten George Montgomery und dem Zeitungszaren William Randolph Hearst. Rita Hayworth ist mit am Tisch und, in Uniform einschließlich schiefsitzender Offiziersmütze, Hearsts Langzeit-Geliebte Marion Davies. Hedy Lamarr, im dunklen Kleid und mit einer vierreihigen Perlenkette, beugt sich über eine Karte. Das Halbprofil verrät den sonst kaum merklichen Aufwärtsschwung ihrer Nase. Als einzige in dieser Runde wirkt sie stilvoll und nicht aufgedonnert: wie eine Dame, die unter Nabobs und Neureiche geraten ist, die nicht recht wissen, wie man sich zu benehmen hat. Das wußte sie besser von Zuhause, von den Gesellschaften im Mandlschen Ehegefängnis. In diesen Momenten, wo sie das Blitzlicht der Kamera nur flüchtig registriert haben mag, ist sie hinreißend. Auch weil sie dem späteren Betrachter die Illusion schenkt, in einem unbeobachteten Moment erwischt worden zu sein. Obwohl sie nur im Bild ist, weil sie zu den Stars gehört, wirkt sie am wenigsten wie eine ›movie goddess‹, eine Leinwandgöttin.

Genau das ist ihr Reiz: der diskrete Charme der Fremdheit und europäischen Kultiviertheit inmitten des Hollywood-Betriebs, die Auflösung der Künstlichkeit in natürliche Eleganz.

Ein paar Jahre nur trennen die Lichtmalereien der ›Masters of Starlight‹ von der Aufnahme aus dem Umfeld von ›Samson And Delilah‹ (1949). Whitey Schafer hat das Bild ohne die Raffinesse von Willinger oder Bull gemacht: eine konfektionierte Ansicht, die Hauptperson an eine Säule gelehnt. Die Haare sind länger, von den vielen Dauerwellen sichtlich mitgenommen, die Gesichtszüge etwas gröber, als hätte man die unwiderruflich auf dem Rückzug befindliche Lieblichkeit noch einmal hineingeschminkt. Ohrring und Perlenarmband passen so wenig zueinander wie zum leichten Kleid. Hedy Lamarr wirkt fülliger, man sieht mehr Haut und Fleisch, doch das Auffallende ist der Ansatz zum Schlafzimmerblick, das Locken der ›femme fatale‹, die für einen Stich ins Vulgäre, Krude sorgen. Die zum Halbkreis gestylten, bleistiftdünnen Augenbrauen nehmen den Blick der Verachtung und des Hochmuts vorweg, den sie in ›Samson And Delilah‹ unermüdlich reproduzieren muß. Von der eleganten Schönen ist sie hier Lichtjahre entfernt.

Von dieser diskreten Form der Fleischbeschau ist es dann nicht weit zu dem bizarren Ambiente, das Otto Friedrich im Auftaktkapitel seines ›Markt der schönen Lügen‹ so wunderbar beschrieben hat, daß man nicht versuchen sollte, ihn zu überbieten. Ein sarkastischer Schwenk in ›Madame Tussauds Hollywood Wachsfigurenkabinett‹ am Hollywood Boulevard, die Ankunft in der vollkommenen Trostlosigkeit: ›Hier ist das üppige Abbild von Hedy Lamarr als Tondelayo in ‚Weiße Fracht' (‚White Cargo'), die sich im Zelt auf einem unglaubhaften weißen Fell räkelt. Sie trägt eine rosa Orchidee über einem Ohr und einige braune Holzperlenketten um den Hals, sonst nichts bis hinunter zum rosa-geblümten Rock.‹ Das von der Zeit angenagte Wachs ist immer noch die Spur von etwas, das genug war, um sie in dieser obskuren ›Hall of Fame‹ zu mumifizieren. ›I am Tondelayo‹, klingt da unhörbar nach, verrucht und die Strafe herbeirufend für die Hexe, die die Männer verzauberte, mit Kakaobutter und einem verschleierten Blick. ›Ich dachte, mit einem interessanten Make-up, einem Sarong und etwas Hüftwackeln würde ich eine unvergeßliche Nymphomanin sein‹, schreibt Hedy Lamarr in ihrer Autobiographie. Sie wollte weg vom ›Image der Marmorgöttin‹ und ermutigte sich selbst mit der Annahme, ›daß ich mit meiner Kakaobutter-eingeschmierten Nacktheit zu den Kriegsbemühungen beisteuerte‹. ›Wie eine Sexsatire‹, sagt sie dann selbst, habe dieser Ansatz zum Imagewandel gewirkt. Und langsam verschwinden die Bilder der Galerie vor unseren Augen, der Vorhang vor einer Leinwand gleitet auseinander.

Eine junge Frau entledigt sich ihrer Kleider, sie läuft durch eine hügelige Landschaft zu einem See und läßt sich ins Wasser gleiten: der helle Körper eines jungen Mädchens, sie ist 19, schön gebaut, mit eher kleinen Brüsten, die pechschwarz erscheinenden Haare kurz geschnitten. Im Wasser dreht sie sich auf den Rücken, das Weiß des Körpers schimmert in den dunklen Tönen des Wassers, und ihr Gesicht hat das Ebenmaß, das aus den Stummfilmen und dann den Frauenbildern der dreißiger Jahre geläufig ist. Ein bißchen Naturlyrik, angehaucht von den Freiluftphantasien der Weimarer Zeit. Später dann saugt sich die Kamera in einem Close-up an ihrem Gesicht fest, der forciert die ganze Natürlichkeit der ›Ekstase‹ festhalten will, in die der junge Mann die junge Frau in der Hütte versetzt. Der Paukenschlag in der ›Symphonie der Liebe‹, wie der Film ursprünglich heißen sollte, ist nach über 60 Jahren nur mit großer hermeneutischer Anstrengung zu vernehmen. Elektrisiert? Nur aus zweiter Hand.

20

Die Kostüme werden mehr aus ihr machen; vor allem, wenn in späteren Rollen wieder einige Textilien fallen, ist das zu bemerken. Gehetzt und unruhig betritt sie ein Café in Lissabon, die Haare mittelgescheitelt, so daß sie eine hohe Stirn freigeben. Auf dem halbtransparenten Oberteil ihres dunklen Kleides blinken die Pailletten, sie ist unsicher, als sie sich dem Flüchtling gegenübersetzt, der in der Vorfreude auf ein üppiges Dinner schwelgt, aber die Unsicherheit wirkt zu forciert, um zu überzeugen. Später wird sie mit Paul Henreid in einer einfachen Kneipe sitzen, im halbverschatteten Raum, mit der kühlen Erotik eines perfekten Tailleurs, vor einer schlichten karierten Tischdecke, damit er ihre Schönheit wahrnehmen und mit ihr zu flirten beginnen kann. Ein wenig hölzern wirkt sie da, vom Feuer, das sie fangen soll, ist kaum ein Funken zu sehen. Und wenn später ihr verhaßter Ehemann, während sie in Nachthemd und Morgenmantel im Schlafzimmer sitzt, zu ihr sagt: ›Jetzt ist dein Gesicht wie eine Vision‹, wartet man so sehnsüchtig wie vergeblich darauf, daß ihre Mimik und Gestik den Edelkitsch der Worte einfach wegwischen.

Sie trägt schwer an den aufwendigen wechselnden Kostümen, und noch schwerer trägt sie an dem Halbkreis von Sternen, die ihren Kopf wie eine Krone umgeben. Ihre Bewegungen sind weniger abgezirkelt als starr, das Gesicht wirkt bleich und etwas leidend, der Effekt des ›Make Believe‹, mit dem ein ›Ziegfeld Girl‹ die Mühen der Arbeit vergessen machen muß, will sich nicht einstellen. Etwas Statisches geht von ihr aus, aber so wenig fließend ihre Bewegungen sind, so sehr sie auch an der Bürde der Rolle trägt, gegenüber Lana Turner, selbst Judy Garland behauptet sie eine fremdartige, ambivalente Schönheit, denn ein Fremdkörper ist sie buchstäblich in diesem Arrangement. Das Europäische wirkt in diesem Arrangement nicht nur als eine Zutat der Rolle, hörbar auch in ihrem Akzent, es spiegelt eine weiterreichende Diskrepanz.

Der Bambusvorhang raschelt, das ganze Interieur ist auf Exotik à la Hollywood getrimmt, aber die Grautöne im Bild können nicht verdecken, daß ihre dunkle Hautfarbe etwas Unnatürliches hat. Zu viel Schminke. Die Bewegungen sind auf den ersten Blick katzenhaft, doch die Spuren der Anstrengung, die sie dieses Spiel kostet, kollidieren immer wieder mit der unwiderstehlichen Verführerin, die sie verkörpern soll. Je länger man ihr zusieht, desto unwirklicher wird sie in der Rolle der Tondelayo, desto unglaubhafter der Bann, der von ihr ausgehen soll; schließlich ertappt man sich bei dem Wunsch, sie möge zu spielen aufhören und aus der Absurdität heraustreten, in der sie die Rolle gefangen hält; sie möge sich so anziehen, wie sie es und wir es von ihr gewohnt sind. Doch die Verknappung der Textilien, die den heimlichen Anschluß an ein altes, halbvergessenes Image sucht, bleibt eine Konstante: Da gibt es die reichlich Haut entblößenden Phantasiegewänder der Mätresse, die sich auf Polstern räkelt, die rachsüchtig und hochmütig den Muskelmann Samson vernichtet sehen will, weil er sie verschmäht hat. Alles ist hier Pose, Funktion des Kolossalen. In dessen Pappmache-Anmutung steckt schon wieder etwas unfreiwillig Komisches wie meist bei Cecil B. DeMille. Das Technicolor läßt ihre Haut etwas zu stark glänzen, und mochte sie mit 36 auch noch nicht alt sein, ihre Bewegungen sind Ausdruck einer Üppigkeit, die ihr Spiel fast träge und schwerfällig wirken läßt. Und der Blick, mit dem sie die Welt und vor allem die Männer aus biblischen Zeiten mustert, ist seiner einzigen Intention zum Trotz noch weniger verführerisch als Tondelayos Magie.

Der Tempel blieb intakt

›It's the moving pictures that made her small‹, so ließe sich in Anlehnung an ›Sunset Boulevard‹ sagen, an Norma Desmonds Empörung, als Joe Gillis ihr vorhält, sie sei ein Star aus der Vergangenheit: ›It's the pictures that got small.‹ Die laufenden Bilder demontieren unerbittlich die Aura, die die ›Masters of Starlight‹ im Studio mit dem Fotoapparat erzeugen konnten. Der unüberhörbare Wiener Akzent in Hedy Lamarrs Englisch begleitete oft weniger charmant als dissonant das Spiel, und ihre nicht gerade erotisch überwältigende Stimme blieb ohne sonderliche Verführungskraft. Die Diskrepanz von Aussehen, Spiel und Sprache ist ein Dauerzustand ihrer Leinwandexistenz, und im Zusammenhang mit den beiden typischen Rollen, der Exotin und der Dame, ergibt sich daraus die Figur der ›screen goddess‹ in der Möglichkeitsform. Hedy Lamarr war eine Sirene, die zumeist stumm blieb. Oder, anders gesagt, bei der man den Sirenengesang schon zu hören glaubte, bereit ihm

überallhin zu folgen, und mit dem ersten Ton eine unwiderrufliche Ent-
täuschung erlebte. ›What you see is what you get‹ – dieses Versprechen
war meist nicht einzulösen. Und mochte man sie noch so oft ›sultry‹,
feurig und leidenschaftlich also, nennen, es lag immer auch etwas
Gehemmtes und Statuarisches darin.

Bevor ich sie das erste Mal bewußt auf der Leinwand sah, mangelte
es nicht an Vorurteilen. Daß ihre vielversprechend beginnende Hollywood-Karriere versandete, schrieben alle ihren bescheidenen schau-

spielerischen Möglichkeiten zu, den falschen Entscheidungen und unfähigen Beratern. Sie selbst hat ihre Entscheidungsnöte und den Mangel an Kriterien ohne Umschweife zugegeben. ›Ich bin ein armseliger Manuskriptkenner‹, sagt Hedy Lamarr in ihrer Autobiographie; sie sei ›wegen meiner schlechten Urteilsfähigkeit beunruhigt‹, und sie räumt ein, daß sie bei ihrer Agentur MCA als ›schwierig‹ galt. Man kann ihr nicht widersprechen. Aber es geht auch nicht um eine Ehrenrettung, weil es nicht um Prüfungen geht, die eine an der Schauspielschule bestehen müßte, damit man einen amtlichen Fähigkeitsnachweis gegen dessen mangelhafte Nutzung ausspielen könnte. Natürlich spielt das schauspielerische Können eine Rolle, doch der Wille, eine schöne Frau aufzubauen, zum MGM-Glamour-Star zu machen, war in manchen Fällen ungleich mächtiger als die darstellerische Potenz. Daß dieser Wille in ihrem Fall zwischenzeitlich bei MGM erlahmte, weil die herkömmlichen Formeln nicht griffen und das Repertoire der großen ›starmaker‹ bescheiden war, sagt ebenso etwas über ihre mangelnde Flexibilität wie die der Studios.

Alle Ausgangsbedingungen zumindest waren vorhanden. ›Die schönste Frau des Jahrhunderts‹ hatte sie der Kolumnist Ed Sullivan genannt, als sie 1937 in New York eintraf wie die lebendige Beute eines Großwildjägers, der Louis B. Mayer hieß und nie Europa-Urlaub machte, ohne eine Trophäe mitzubringen. Das war keine bloße Hyperbel. Es lag darin der Wechsel auf eine kommerzielle Zukunft, an dessen Prolongierbarkeit man auch bei MGM lange glaubte. Hedy Lamarr wurde, das ist unstrittig, zu einem der großen weiblichen Stars der vierziger Jahre, doch es gab eben, wie Louis B. Mayer und seine Herolde nicht müde wurden zu verkünden, davon bei MGM ›more than in heaven‹. Und daß sich Männer im Publikum mehr für die Sterne im Plural als für den einen, vielleicht am hellsten strahlenden interessieren mochten, das durfte sie in ihrer Rolle in ›The Heavenly Body‹ (1943) erfahren, wo ihr Astronomen-Gatte sie wegen seiner Arbeit vernachlässigt.

Die Entschlossenheit des Studios, sie zu einer neuen Leinwandgöttin zu erheben, litt jedoch von Anfang an unter der Unklarheit über den richtigen Weg. Es ist kaum ein Zufall, daß es sich bei ihrer ersten Hollywood-Rolle, in ›Algiers‹ (1938), um eine United Artists-Produktion handelte, weil man bei MGM zu lange nach dem geeigneten Star-Vehikel suchte. An der Ausstrahlung ihrer Persona jenseits der Leinwand lag es gewiß nicht, denn ihr Leben schillerte über die Jahre hinweg in allen Farben der Regenbogenpresse. Sechs Ehen, unzählige erdichtete wie tatsächliche Affären – an den Accessoires, die für eine Diva unerläßlich sind, fehlte es nicht, auch nicht am Geld, denn, so schreibt sie später selbst, es ist sicher, ›daß ich einige 30 Millionen Dollar verdient – und ausgegeben – habe‹. Man könnte Hedy Lamarrs Hollywood-Karriere mühelos nach dem Paradigma von ›rise and fall‹ erzählen, doch es fehlt diesem Erzählmuster an den entscheidenden Stellen der heftige Ausschlag der dramatischen Kurve, die tragische Fallhöhe etwa einer Judy Garland oder Rita Hayworth. Kein ›Script Doctor‹ konnte da mehr rettend eingreifen, kein Nachdreh für den gewünschten Effekt sorgen. Gewiß, die Resonanz auf ihre Verhaftung wegen Ladendiebstahls im Jahre 1966 war noch immer enorm, ihr Auftritt vor den Geschworenen fulminant, doch zu nachhaltig hatte schon der Prozeß des Vergessens eingesetzt, zu wenige Filme und Rollen waren im kollektiven Gedächtnis geblieben, um die erforderliche Fallhöhe herstellen zu können. Alle Popularität, die sich in ihrer breitgefächerten öffentlichen Präsenz bewiesen hatte, half da nichts, vielleicht auch, weil zu wenig klare Linie sichtbar, zu wenig strategische Intelligenz in ihre Vermarktung investiert worden war. Die Produkte beispielsweise, für die sie in Anzeigen warb, lassen kein Bemühen um ein präzises Image erkennen: Royal Crown Cola oder Lucky Strike, Woodbury Cold Cream und Woodbury Color Controlled Powder, Max Factor Cleansing Cream, Parfüm, der Doubleday One Dollar Book Club und die Book League of America – dieser Gemischtwarenladen ist weit von einem gezielten Typecasting entfernt. Und wer außer einer Handvoll Comic- und Film-Experten weiß schon, daß sie 1940 für die Figur von Batmans Gegenspielerin Catwoman Pate stand? Oder gar, daß sie für die schöne Replikantin Rachel (Sean Young) in Ridley Scotts ›Blade Runner‹ (1982) ein Modell lieferte?

Unzweifelhaft ist dennoch ihre Rolle als Pin-up, mit der sie in den Spinden der Soldaten eine Zeitlang mit den Russells, Hayworths, Turners mühelos konkurrieren konnte. Eine Hedy Lamarr gewidmete Website listet zudem allein mehr als 50 Magazin-Titel mit ihrem Bild auf, von ›Life‹ mit einer Titelstory zu ›Tortilla Flat‹ über die verschiedenen Fan- und Kinozeitschriften wie ›Photoplay‹, ›Look‹ oder ›Picture Goer‹

bis hin zu ›Newsweek‹. Und selbst Paper Dolls von Hedy Lamarr mit ihren verschiedenen Kostümen waren ein beliebter Verkaufsartikel. Als Gradmesser der Prominenz sind diese Befunde durchaus tauglich, doch wer je in diesen alten Magazinen geblättert hat, weiß, daß auch in den vierziger Jahren der Hunger der Werbewirtschaft nach schönen Gesichtern und Prominenten fast so unersättlich war wie heute. Man kannte sie einfach, so, wie sich auch heute noch in Deutschland eine ältere Generation an sie erinnert, an ein Gesicht wie aus grauer Vorzeit, aus den Kinos der fünfziger Jahre, als hierzulande das Hollywood der vierziger Jahre endlich nachgeholt werden durfte. Für mehr als das Kurzzeitgedächtnis reichten diese Eindrücke allerdings kaum. ›She had it all‹, wie die amerikanische Bewunderungsformel lautet, in der schon die Schadenfreude lauert – doch irgend etwas fehlte, ein Ingredienz in der merkwürdigen Chemie von Kino und Leben, das Stars konservieren hilft oder dessen Mangel ihre Aura so rasch verdunsten läßt, wie es sie hat leuchten lassen. Eine schwache Ahnung davon findet man in einer Äußerung von Hedy Lamarr selbst, die in einem Artikel aus der ›New York Times‹ vom 23. August 1970 in der Headline zitiert wird: ›Would You Believe I Was A Famous Star? It's The Truth.‹

Vielleicht ist es das, der Hauch von Ungläubigkeit, von Selbstzweifel. ›Any girl can be glamorous. All you have to do is stand still and look stupid‹, dieser Satz wird

ihr zugeschrieben, auch wenn nicht ver-
bürgt ist, wo und wann er gefallen ist. Er
umreißt eine nüchterne, fast zynische
Einsicht, er grenzt, gemessen an Hollywoods Ehrenkodex, fast schon an Nest-
beschmutzung. Doch die Ambivalenz, die
darin steckt, ist nicht zu überhören. So
strahlend wie sie ließen sich die wenigsten inszenieren, das wußte sie, doch es
half ihr wenig, und so kippte die Selbst-
gewißheit um in die Geringschätzung der
Wirkung, womöglich in eine unterschwellige Selbstverachtung. Mag sein, daß es
ein zu schwach ausgeprägter Glaube an
sich selbst war, obwohl sie sich zugleich
für einen großen Star hielt. Diese Distanz
und Diskrepanz sind es, die der Haltbar-
keit ihrer Aura abträglich waren. In ihrer
Autobiographie schreibt Hedy Lamarr, in
einer der langen Seancen auf der Couch
habe sie zum Analytiker gesagt: ›Die
Schauspielerin blieb immer im Studio‹,
sie habe nie Person und Rolle verwech-
selt. Das will nicht recht passen zu einer
Frau, von der die Website ›The Hedy
Lamarr Page‹ (www.geocities.com/Holly-
wood/Hills/1797) behauptet, ihr Lieblingswort sei ›empathy‹, Einfühlungsvermögen. Im Querschnitt durch ihre Rollen
wird man vieles entdecken, doch nur selten ›empathy‹.

Was war es, das ihre Rollen im nach-
hinein wie eine Art Wartestadium erscheinen läßt, einen oder zwei Schritte
vor dem Take-off zum Olymp der ›movie
goddesses‹? David Thomson hat in sei-

nem eigenwilligen ›A Biographical Dictionary of Film‹ ironisch und zutreffend geschrieben: ›Gewissenhaftigkeit ist nicht, was wir von unseren femmes fatales erwarten. Zu oft hatte sie ein besorgtes Gesicht.‹ Sie war eine Helena, für die keiner so recht den Trojanischen Krieg hätte entfachen mögen, und eine Jeanne d'Arc, deren Heerbann nicht gerade von ihrer göttlichen Sendung überzeugt schien. ›Aber der Tempel blieb intakt‹, so noch einmal Thomson in Anspielung aufs berstende Pappmaché, wenn Victor Mature in ›Samson And Delilah‹ den Tempel durch seine gewaltigen Körperkräfte zum Einsturz bringt. Was Thomsons Resümee umschreibt, sind Hedy Lamarrs verzweifelte Versuche, sich Mitte der sechziger Jahre mit ›Ecstasy and me‹ noch einmal ins Geschäft zu bringen – einen Erdrutsch löste sie damit nicht mehr aus. Der Psychiater wiederum, der ein Vorwort zu ihrer Autobiographie beigesteuert hat, spricht unverdrossen von der ›Geschichte einer klassischen ‚femme fatale'‹. Mehr als eine Verkaufsformel war das nicht. Denn das Fatale, das manches Drehbuch in ihre Rollen gelegt hatte, verwandelte sich nie von der papiernen Behauptung in einen unwiderstehlichen Sog; es blieb eine mühevolle Simulation, es war durchzogen von der Unsicherheit, es war wie ein Gewicht, unter dessen Last sie erstarrte. Und die sexuelle Attraktion, die den fatalen Sog hätte auslösen müssen, blieb stets zwiespältig: vorstellbar, doch im Kino kaum erlebbar. Leidenschaft im Potentialis.

Unter dem Image des ›brainless sex pot‹, das wie ein siamesischer Zwilling zur unablässigen Feier der Leinwandschönheit gehört, hat sie zweifellos gelitten, kurioserweise eigentlich, denn nichts war ihr ferner als das Dampfende, Schwülstige etwa einer Lana Turner. ›Sex‹, heißt es zwar in der Autobiographie, ›ist in meinem Leben – wie im Leben der meisten Frauen – ein wichtiger Faktor gewesen.‹ In Kontrast dazu steht das Image als ›kalter Marmortyp‹. Hedy Lamarrs Memoiren sind auch als Versuch lesbar, mit diesem Image nachträglich zu experimentieren, die Attitüden auf der Leinwand rückwirkend mit den Affären ihres Lebens aufzuladen. ›Ich bin ‚übersext' und habe nie ein Geheimnis daraus gemacht‹, liest man dort, und zum Beweis werden ebenso die lesbischen Erfahrungen im Schweizer Mädchenpensionat aufgeboten wie ein angebliches Treffen mit dem jungen JFK in Paris oder allerlei Eskapaden in Studiogarderoben in verschiedensten Konstellationen. In dem, was dann auf dem Set gedreht wurde, fand die Phantasie der Zuschauer dafür nur wenig Anhaltspunkte. Und dennoch möchte sich Hedy Lamarr unbedingt dem Psychiater anschließen, ›daß ich wirklich so etwas wie eine Nymphomanin war‹. Wie wenig sie Selbst- und Fremdbilder, Leinwandpersona und Privatleben zusammenführen konnte, erkennt man an dem heillosen Zitatgemenge. ›Hedy ist kein Busen- und Beine-Girl. Der Sex sitzt in ihrem Gesicht‹, zitiert sie etwa zustimmend einen Agenten. Das ist zweifellos zutreffend, es dabei zu belassen, vermochte sie dann doch nicht.

Und immer wieder, wenn sie auf ihre Karriere zurückblickt, finden sich eher ungewollt die Anzeichen wachsender Müdigkeit, erlahmenden Willens und ein diffuses Gefühl der Überforderung. ›Ich komme mir vor wie eine Marionette, die herumgeschoben wird, wie ein Regisseur es will‹, klagt sie einem ihrer Shrinks. Oder: ›Ich habe ganz ehrlich nicht die Kraft, die Energie, mit Amerika Schritt zu halten.‹ Dieses Unbehagen macht auch vor ihrer überall gefeierten Schönheit nicht Halt: ›Überall stoße ich auf Männer, die meine Schönheit würdigen und sich nicht für mich interessieren‹, hat sie zu Christopher Young, dem Autor von ›The Films of Hedy Lamarr‹, gesagt. Das klingt auch, als habe sie weniger unter ihrer Schönheit gelitten, als darunter, daß diese nicht automatisch den erhofften Erfolg nach sich zog. Zugleich aber ist es das klassische Lied der schönen Frau, die begreiflicherweise nicht in Sack und Asche daherkommen möchte, nur damit endlich einer nicht nur den Körper, sondern auch Esprit und Seele bewundere.

Ihre Verzweiflung, ob nun gespielt oder durchlitten, hat fraglos auch damit zu tun, daß für sie in der Hollywood-Typologie des Schönen kein wirklich adäquater Platz vorgesehen war. Hedy Lamarr mußte zunächst von der Möglichkeit leben, sich als exotische Schönheit inszenieren zu lassen, deren Varianten das Studiosystem nicht nur in ihrem Falle bis zur Karikatur ausbeutete. Es war keineswegs nur ihr geringeres darstellerisches Vermögen, das sie nicht, wie beispielsweise eine Lauren Bacall, kompensatorisch zu einem ›Look‹ verfestigen konnte. Es war aber sicher auch ihre Abweichung vom normierten Schönheitsideal jener Jahre: Ihre Brüste waren zu klein, ihr Körperbau nicht üppig genug für den enormen Appetit der vierziger Jahre. Ihr Sex-Appeal rührte in der Tat aus ihrem Gesicht, doch er blieb im Rahmen des da-

mals Darstellbaren Andeutung und Versprechen, und das war nicht genug. Sie taugte nicht zum guten, treuen ›American Girl‹, das wie Betty Grable auf den Liebsten warten konnte, der aus dem Krieg heimkehrte. Als ›bitch‹ wiederum, als Verwandte einer Joan Crawford, war sie nicht ›bitchy‹ genug, und ob das Flair des Kühlen, ja Unterkühlten Ausdruck einer schauspielerischen Unsicherheit war oder etwas von der Person zeigte, das sie nicht einer Rolle anverwandeln konnte, ist da fast unerheblich. Mochte auch niemand ihre Schönheit übersehen können, das Amalgam aus Rollen und Person, aus dem Stars ›gemacht‹ sind, traf einfach keinen kulturellen Nerv; es besaß nicht die Intensität und Dichte, aus der sich ein ikonenartiger Status hätte entwickeln können, von dessen allmählichem Verwelken die Fernsehserien der späteren Jahre bei anderen Akteurinnen nostalgisch zehrten. Wenn ihre darstellerische Leistung gut war, war der Film zumeist nicht spektakulär, und wenn das Studio seine Hoffnung und seinen Marketing-Elan in ein Produkt setzte, dann war dieses Produkt oft nur die Ausbeutung einer Erfolgsformel. So blieb sie, auch dank ihrer Aktivitäten außerhalb der Leinwand, zwar im Gespräch, doch das Image, das sich auf diese Weise über Jahre reproduzieren ließ, war für die erwartungsvollen Blicke im dunklen Saal meist nicht mehr erkennbar.

Um so faszinierender bleibt gerade dadurch die Grandezza, mit der sie die Kostüme von Adrian, dem Chefdesigner von MGM, von Edith Head und anderen erstklassigen Designern aus Hollywoods goldenen Jahren zu tragen wußte, die ausschwingenden Gewänder, die ornamentalen Orgien und die schlichten, in ihrer Zurückgenommenheit atemberaubenden Kleider. In den Inszenierungen der Fotografen war die ganze Starqualität als Möglichkeit jederzeit und unübersehbar enthalten. Vielleicht wäre sie, hätte es das damals gegeben, ein exzellentes Top-Model geworden, dessen Ausflug auf die Leinwand unausweichlich gewesen wäre und dessen Scheitern in den bewegten Bildern der Ausstrahlung keinen ernstlichen Abbruch getan hätte. Jenes ›Hedy Lamarr – You stepped out of a dream‹, das Christopher Young in seinem Buch als Überschrift gewählt hat, trifft diesen Moment des Übergangs von Möglichkeit in Aktualität: Ein Traumbild, das Locken der Sirene, vor der man sich vorsorglich die Ohren mit Wachs verstopfen oder wie Odysseus an den Mast fesseln lassen muß, der vibrierende Augenblick, in dem man darauf wartet, daß sie sich in Bewegung setzt und ihren betörenden Gesang beginnt.

Bevor wir die Vorstellung weiterlaufen lassen, kramen wir noch ein Weilchen in ein paar Rollen von imaginärem ›lost footage‹. Lauter verpaßte Filme. Lassen wir die Bilder ein paar Sekunden zurücklaufen. ›Casablanca‹, ›Gaslight‹, ›Saratoga Trunk‹, ›Laura‹, ›Das Haus der Lady Alquist‹, ›Schnee am Kilimandscharo‹, ja, auch der: ›Duel In The Sun‹. Statt Jennifer Jones kriecht das dunkel-exotische Halbblut Hedy, eine ›Lady Of The Tropics‹ in Arizona, durch den Wüstensand, blutüberströmt neben Gregory Peck. Wir glauben zu sehen, wie David O. Selznick noch ein wenig Extra-Blut verspritzen läßt, weil ihm das Ganze zu undramatisch und zu wenig leidenschaftlich erschien. Möchten wir uns das vorstellen? Möchten wir einmal die legendären Momente von ›Casablanca‹ überblenden, im Geiste ihr Gesicht einkopieren? Anstelle von Ingrid Bergman, die in drei Filmen Triumphe feierte, die Hedy Lamarr abgelehnt hatte? Wenn man ehrlich ist, eigentlich nicht. In unser aller Phantasie-Kino laufen nur die Bilder der bekannten Gesichter. Der Konjunktiv ist ein schöner Modus, und das Kino ist vielleicht sein idealer Ort. Es trägt in die Prosa der Starbiographien den großen Glanz, es färbt ab in der Wahrnehmung und wohl auch im Selbsterleben derer, die von sich ein Bild haben, das ›bigger than life‹ ist. Doch damit mag es genug sein. Auch wenn das Entwerfen von ›Was wäre wenn-Szenarien‹ inzwischen selbst unter Historikern zum virtuellen Sport geworden ist, in der Hochburg des Imaginären ist konsequenterweise dafür kein Platz. Wo ein Irving Thalberg sagen konnte, was kümmerten ihn die paar Leute, die wüßten, daß Paris nicht am Meer liegt, ist die Normalform der Geschichtsschreibung ohnedies die Fiktion. Wenn die Credits zu rollen beginnen, nimmt diese Fiktion ihren Lauf, und man soll für 90 Minuten keinen Irrealis und Potentialis haben neben ihr.

Rollenmuster: Die Exotin und die Dame

Aus den 24 Rollen, die Hedy Lamarr in Hollywood-Filmen gespielt hat (der Auftritt in ›L'Amante di Paride‹ sei hier als europäische Produktion nicht mitgezählt, obwohl er sich bestens in die Typologie fügt), entziffert man schnell ein Muster, auch wenn die Auflistung auf den ersten

Blick eher verwirrt. Französische Touristin, tragische Eurasierin, suizidale Liebende, sowjetische Straßenbahnschaffnerin, eine undurchsichtige Lady, die Finanztips gibt, Revuegirl, Sekretärin, illegale Einwanderin, verführerische Hexe, Arbeiterin in einer Sardinenfabrik, Diplomatengattin, Astronomengattin, leidende Gattin eines gefährlichen Verrückten, antifaschistische Spionin, Prinzessin eines Phantasielandes, Aufsteigerin, die über Leichen geht, labile Magazinredakteurin, erfolgreiche Psychiaterin, rachsüchtige Bibelheldin, noch eine Immigrantin ohne Paß, undurchsichtige Saloonbetreiberin, Geliebte und Komplizin eines Spions, Jeanne D'Arc und ein alternder Filmstar. Da bleiben als Schnittmuster unübersehbar die Exotin und die Dame von Welt, mitunter auch in einer Kombination, mal in einer Komödie, mal im Melodram. Denn noch die Reisende, die Immigrantin zehrt von der Fremdheit des Exotischen, weil sie es nie zum ›All American Girl‹ bringen kann.

Wenn denn ›Empathie‹ Hedy Lamarrs Lieblingswort sein soll, dann drückt es zugleich auch ihren heftigsten Wunsch aus. Was Einfühlungsvermögen angeht, so war ihr berüchtigter Nacktpart, von dessen vielfältigen Nachwehen sie nie mehr wirklich loskommen sollte, nicht gerade eine schauspielerische Herausforderung gewesen. Er verlangte ›Ekstase‹ statt Empathie. Und so blieb nur der Wunsch, der sich selten erfüllte, weil auch das Image der ›Marmorgöttin‹ ihm immer wieder im Wege stand. Vor die Augen des amerikanischen Publikums kam sie 1938 als das, was sie war: Eine Europäerin in der Fremde, mochte diese auch nur ein Orient-Surrogat sein. Für den steilen Aufstieg im ersten Anlauf war das durchaus hinreichend, denn mit ›Algiers‹ wurde sie über Nacht zum Star. Die Zeitungen bejubelten sie, vergaßen beinahe ihr Gegenüber Charles Boyer, und Hedy Lamarrs Mittelscheitel wurde von Joan Crawford imitiert, auch von Merle Oberon, Dorothy Lamour, Vivian Leigh und von Olivia de Havilland in ›Vom Winde verweht‹. Crawford und Joan Bennett ließen sich sogar die Haare dunkel färben. ›Das Beste daran‹, schrieb ›Time‹ über den Film, ›ist die glutvolle, samtstimmige, haselnußäugige Wiener Schauspielerin Hedy Kiesler (Hollywood-Name: Hedy Lamarr)‹.

Mochte ihre Stimme auch weniger samtig klingen als durch ihr zu geringes Volumen auffallen, Hedy Lamarrs erster Auftritt in Hollywoods

Traumreich konnte einem schon den Atem verschlagen. Langsam löst
sich eine Person aus der dunklen Gasse der Kasbah, man erkennt eine
Frau im Halbprofil, die irritiert den Kopf nach links und rechts wendet,
sichtlich verschreckt von den Schüssen, die gerade gefallen sind. Die
leuchtend weiße Linie eines Mittelscheitels zeichnet sich ab, eine Perlenkette schimmert, die tiefen Schatten lassen die Schönheit nur ahnen.
Man spürt die absichtsvolle Verzögerung, die einem den Anblick der
Frau vorenthält. Wenn sie in den Bereich der Naheinstellung kommt,
blickt man Hedy Lamarr das erste Mal ungehindert ins Gesicht. Effektvoller läßt sich eine Premiere kaum inszenieren, als eine langsame Enthüllung, als ein aufregendes Spiel von Licht und Schatten, auf das sich
der Kameramann James Wong Howe so wunderbar verstand. Wenn
Pepe Le Mokos Blick sie das erste Mal trifft, schauen wir mit ihm auf
ihren lächelnden Mund mit den glänzenden Lippen – ein kurzer Close-

up nur. Und immer wieder taucht sie ein in den Halbschatten, immer wieder umgibt sie ein leichtes Sfumato, das ihren Blick verschleiert und ihrem Sehnen etwas Vages verleiht. Sie lacht nicht zu übertrieben, man sieht die blendend weißen Zähne, aber nie zu viel. Wenn sie mit Pepe spricht und sie einander an Pariser Straßennamen erinnern, hört man, daß ihr Französisch damals besser war als ihr Englisch. Ihre Stimme klingt fester, sicherer.

Doch gelegentlich spürt man auch jene Angestrengtheit, die während ihrer ganzen Karriere nur selten weichen sollte. Sie sitzt mit dem Inspektor und ihrem reichen ältlichen Liebhaber am Tisch, und was sie vermutlich im wirklichen Leben wie von selbst beherrschte, den souveränen Konversationston, das selbstgewisse, lockere Plaudern, das wird zur Pose, wenn sie es spielen muß. Nur wenn sie mit Pepe allein ist, wenn die Beleuchtung den leichten Glanz auf ihr Gesicht zaubert, ihn durch Perlenkette und –ohrring verstärkt, ist sie die lockende Sirene. Am Ende sitzt sie ohne die Magie des Chiaroscuro auf dem Schiff, sie geht ans Heck mit einem melancholischen Abschiedsblick – und sie sieht Pepe nicht. Sein Schrei geht im Tuten des Schiffes unter, sie verzieht das Gesicht und verschwindet. Viel mehr hat Hedy Lamarr eigentlich während des ganzen Films nicht zu tun, sie muß Eifersucht auf sich ziehen und dafür sorgen, daß der trickreiche Pepe sein Versteck verläßt. Diese Verlockung zu sein, macht ihr nicht die geringste Mühe: ein Versprechen, das einzulösen die Rolle nicht von ihr verlangt, eine unwiderstehliche Marmorgöttin, deren Wirkung auf das amerikanische Publikum der späten dreißiger Jahre auch heute noch leicht zu begreifen ist. Doch die gedämpfte Fremdheit der Europäerin in der Kasbah verlangte nach einer Steigerung, und deshalb mußte nach der Logik des MGM-Hauptquartiers auf das Zwielichtige des Orients die tropische Schwüle des Fernen Ostens folgen.

›Lady Of The Tropics‹ (1939), der tragischen Story vom liebenden Halbblut in Indochina, konnte auch ein Drehbuchautor wie Ben Hecht nicht aufhelfen. Manon, nobel und leidend, muß vor allem die Phantastik der Kostüme auftragen. Es war die mißglückte Geburt des großen Stars aus dem Geiste der Formel, die darin bestand, die beiden attraktivsten Schauspieler, die das Studio damals unter Vertrag hatte, zusammenzuspannen. Wie sehr man sie geradezu automatisch als Exotin wahrnahm, wird aus einer kleinen Anekdote deutlich. In ›This is Orson Welles‹ wärmen Welles und Peter Bogdanovich eine alte Erzählung von Ben Hecht auf, dem Wirklichkeit und Fiktion meist gezielt verrutschten, weil er wußte, daß ihm die Wahrheit unter ihrem eigenen Produktnamen keiner abgekauft hätte. Eine große Konferenz tagte bei MGM: ›Die Dame ist exotisch – wir müssen sie nach China oder an einen ähnlichen Ort setzen.‹ Doch das Problem war der passende Partner. Ben Hecht schlug Orson Welles vor, der damals keinen Agenten hatte. Und so mußten sich zehn Sekretärinnen umgehend an die Arbeit machen, um Welles in New York aufzustöbern. Die Konferenz ging derweil weiter, bis nach vier oder fünf Stunden eine Sekretärin die Tür aufriß und atemlos rief: ›Ich hab ihn, ich hab Orson Welles.‹ Und irgendwer, berichtet der um Pointen nie verlegene Hecht, habe bloß gesagt: ›Was will der denn?‹ So kann es gewesen sein, so kam statt Orson Welles Robert Taylor vor die Kamera. Dem geringen Erfolg des Films zum Trotz, plante man bei MGM, sie als nächstes mit der Titelrolle in ›Pocahontas‹ zu bedenken, ein Ansinnen, dem sie sich entzog. Das exotische Timbre, ob nun einer Eurasierin wie Manon oder einer Indianerin wie ›Pocahontas‹, war in jedem Fall eine naheliegende Option. Wer aus Europa kam und auf lange Jahre, wenn nicht für immer, mit seinem Akzent geschlagen war, konnte nur Europäer oder andere Ausländer spielen, denn für die Amerikaner der vierziger Jahre klang jeder Akzent gleich: einfach fremd.

Wenn man das Fremde noch einmal verfremdet, indem man es komisch erscheinen läßt, dann ist auch die Straßenbahnschaffnerin in Moskau eine Exotin. Im Falle von Hedy Lamarr war die Vorstellung einer Uniformierten im ›Reich des Bösen‹ geradezu absurd; schon als Fahrgast in einer Straßenbahn statt in einer Limousine mit Chauffeur hätte sie eigentlich damals als fehlbesetzt gelten müssen. Und statt in glamourösen Kostümen durfte die Vorzeige-Kommunistin Theodora Golubka sich nur kurz in Negligé und Abendkleid zeigen, doch auch der unvermeidliche Russenkittel mit Hammer und Sichel an den Kragenspiegeln und die Uniformmütze der Trambahnfahrerin stehen ihr gut, nicht einmal die Schirmmütze zum Abendkleid kann ihre Ausstrahlung beeinträchtigen. Gegen alle Wahrscheinlichkeit rutschte Hedy Lamarr hinein in diesen Spin-off, nachdem ›Ninotschka‹ so erfolgreich gewesen war, daß ein zweiter Aufguß für das Hollywood-System die unausweichliche Konsequenz war. Hedy Lamarr macht in ihrem ungewohnten Outfit eine mehr als nur ordentliche Figur, auch wenn sie für die Ansätze der ›physical comedy‹ mitunter zu steif wirkt. Ihre schulterlangen dunklen Haare werden ebenso wie das strahlend junge Gesicht von einem weichen Licht umspielt, das mit dem energischen, fast kratzbürstigen Gebaren der Jungkommunistin kontrastiert.

In ›Comrade X‹ (1940) verfügte Hedy Lamarr über alles, was sie zum Star machen sollte. Am wirkungsvollsten ist sie, wenn Drehbuch und Regie ihr Temperamentsausbrüche gestatten; wenn sie Gable mit einem Stuhl bedroht und mit dem Telefon nach ihm wirft, wenn sich ihr Haar löst, als sie mit der Sekretärin Gables in einen kleinen Ringkampf gerät und schließlich triumphierend über ihr kniet. Dann wieder betritt Hedy Lamarr schüchtern im steifleinernen Nachthemd das Zimmer, und Gable wirft ihr nach einem abschätzigen Blick ein aparteres Modell zu. Nachdem sie sich umgezogen hat, kommt sie mit einem leisen ›I feel a little confused‹ wieder durch die Tür, und Gable ist mit recht für ein paar Sekunden sprachlos. Die Amerikanisierung ihres Outfits nach gelungener Flucht dagegen ist nicht nur vorteilhaft – so wenig wie die im wirklichen Leben. Mit Gable und Felix Bressart steht sie im Schlußbild auf der Tribüne eines Baseballstadions und feuert die Dodgers an, eine Art Cowboyhut auf dem Kopf, das Make-up eindeutig ›Made in USA‹. Doch trotz all der sehenswerten kleinen Momente: Eine Greta Garbo ist sie nicht, und King Vidor war bei allen sonstigen Meriten kein Lubitsch. Auch mit ihrem Partner Clark Gable stimmt die Chemie nur zeitweise. Gable bemängelte, sie sei auf und außerhalb der Leinwand zu kühl, während Lamarr zur Verwunderung amerikanischer Frauen behauptete, Gable habe überhaupt keinen Sexappeal. Carole Lombard, Gables Gattin, war zumindest so mißtrauisch, daß sie regelmäßig bei den Dreharbeiten aufgetaucht sein soll. Natürlich ist Gables Vorwurf ungerecht, weil eine Portierstochter und Werktätige im Vaterland der Arbeiter und Bauern nun mal durch andere Tugenden strahlen soll als durch Sexappeal und dem Draufgänger-Charme eines Gable nicht sofort erliegen muß. Immerhin stieg Hedy Lamarrs Marktwert nach dem kommerziellen Erfolg von ›Comrade X‹ auf 25 000 Dollar pro Film, und ihr Status als ›movie goddess‹ schien gesichert.

Die kommunistischer Umtriebe unverdächtige, wenn auch illegale Immigrantin ›aus dem ehemaligen Österreich‹ spielte sie dann neben Jimmy Stewart in ›Come Live With Me‹ (1941). Auch hier war sie überzeugend, ohne zu glänzen, auch hier war es das männliche Gegenüber, dem die besseren, die witzigeren Szenen auf den Leib geschrieben sind. Doch mit einem starkem Partner, der sie sehr unterstützte und großzügig mitzog, bekam ihr Spiel etwas Entspanntes. In der deutschen Fassung wird das durch die Synchronstimme noch verstärkt, die ein wenig dunkler und voller klingt als das Original. Hedy Lamarr wirkt nicht so hilflos und den männlichen Schutz geradezu erflehend wie in vergleichbaren Rollen. Die Gefaßtheit und Ruhe der von Ausweisung bedrohten Immigrantin zu verkörpern, gelingt ihr ohne alle Brüche, und auch als Widerstrebende macht sie sich nicht schlecht. Die Entschiedenheit und Geschlossenheit ihres Spiels überdecken sogar den kuriosen Eindruck von Biederkeit und Bravheit, den sie während der Landpartie mit Stewart erwecken soll; als ideale Schwiegertochter, die das Wohlwollen der kauzigen Großmutter auf Anhieb erringt, mag sie nicht unbedingt glaubwürdig erscheinen, doch sie mildert die Unwahrscheinlichkeit durch eine Warmherzigkeit und sympathische Verhaltenheit, wie man sie später in kaum einer Rolle mehr findet.

Um den Part in ›Ziegfeld Girl‹ (1941) soll sie sich sehr bemüht haben, weil nicht nur sie ein großes MGM-Musical wohl für ein geeignetes Sprungbrett hielt. Auch hier war sie die Europäerin, die nach Ruhm und Glamour als Mitglied der berühmten Truppe sucht – eine kleine Analogie zu Hedy Lamarrs eigenem Weg. Doch die Rolle der Sandra taugte nicht zum großen Schritt nach vorn, mochten auch die Kostüme von Adrian ihr selten besser gestanden haben; ihr Kalkül wie auch das von Louis B. Mayer, der die Rolle für sie noch eigens aufpolieren ließ, schlug fehl. Die physischen Anstrengungen der Produktion, die Disziplin, die die aufwendigen Choreographien verlangten, behagten ihr sichtlich nicht. Es war auch die Spannung zu ihren Mitspielerinnen, die sie nicht für sich zu nutzen verstand, denn gegen die Üppigkeit einer biederen Lana Turner, gegen das Talent einer Judy Garland hätte sie sich trotz einer kleiner angelegten Rolle durchaus profilieren können. Inmitten der blonden Girls wirkt sie ladylike und erwachsen, und wenn die ›reaction shots‹ in der Garderobe aufeinander folgen, dann ragt ihre

klassische Schönheit um so deutlicher hervor. Ihre Kostüme sind außerhalb der phantastischen und phantasievollen Show-Designs schlicht und effektiv, etwas gedeckt, und die leise Melancholie, die mit der Rolle der unglücklichen Gattin harmoniert, wird zu einem wunderbaren Accessoire. Statisch, fast hölzern wirken dagegen die Treppengänge; ihre Sandra, ›von der alles spricht‹, wie ein Verehrer sagt, ist am stärksten in den intimen Szenen. Und wenn sie während einer Ziegfeld-Show auf der Bühne auf einem Bett liegt und die Kamera ihr Gesicht in Aufsicht erfaßt, erscheint ihr Gesicht umflort, leicht entrückt, fremd und exotisch in dieser so unverkennbar amerikanischen Showbusiness-Welt.

Nach den Aufs und Abs ihrer Filme, aus denen sich außer ihrer stets ein wenig statuarisch wirkenden Schönheit kein rechtes Image herauskristallisieren wollte, mußte die verruchte exotische Verführerin als Vehikel ihrer Karriere dienen. ›White Cargo‹ (1942) bezeichnet einen gewissen Wendepunkt, weil das Damenhafte und Gesittete für eine Weile zugunsten von Rollen zurücktrat, die als ›sexy‹ galten. Daß sie selbst schreibt, sie habe ›der Versuchung nicht widerstehen können, das Image der Marmorgöttin für immer zu morden‹, mag schon sein. Daß Hedy Lamarr, ihre Berater und Bevormunder ernstlich glaubten, Marmor durch Kakaobutter ersetzen zu können, war jedoch eine verwegene Annahme. Dennoch, den GIs gefiel sie nie so gut wie im Sarong, und ihre Pin-up-Qualität war nie größer. Die Rolle der Tondelayo treibt den Part der Exotin ins Extrem: So rasch, wie sich die Schaulust durch Textilienverknappung befriedigen ließ, so wenig war diese Variante der gefährlichen Versucherin noch ausbaufähig. Der Film suhlt sich in den Klischees von der männerverderbenden Hexe, die an ihrem selbstgebrauten Gifttrank sterben muß. Er bleibt aber in all seiner schwülen Atmosphäre, seiner wüsten Phantastik und dem Spiel auf der Klaviatur der Männerängste und –begierden überaus nüchtern, wenn das Drehbuch nicht vergißt, Tondelayo zur Tochter eines Ägypters zu machen, um die Ehe mit Langford (Richard Carlson) zu legitimieren.

Keine Volte, sondern lediglich eine Variante, die ihr ungleich besser bekam, war dagegen die Rolle in ›Tortilla Flat‹ (1942). Die sonst so perfekt Gekleidete tauschte die eleganten Roben gegen die Kluft der Arbeiterin Dolores, und tatsächlich schien damit etwas von ihr abzufallen. Soweit eine Hollywood-Diva der vierziger Jahre als Arbeiterin überhaupt ›natürlich‹ wirken kann, gelingt es ihr, diesen Eindruck zu erzeugen. Auch die Romanze mit John Garfield auf der Leinwand ist erstaunlich entspannt. Phasenweise strahlt Hedy Lamarr eine ungewohnte Frische aus, sie ist voller Charme und ohne die übliche Kühle. Vielleicht streckt sie manchmal die Brust ein wenig zu sehr heraus, und sie müßte die Hände nicht so ostentativ in die Hüften stemmen, um die patente Werktätige zu betonen, doch selbst mit Zöpfen ist sie schön anzuschauen. In schlichten weißen Blusen und schmucklosen Röcken spielt sie das einfache Mädchen mit dem großen Herzen, das bei einem Waisenkind ein wenig Mütterlichkeit zeigen darf und mit festem Griff die Sardinen in die Konservendose packt. Sie habe ›a face like peaches‹, sagt Garfield zu ihr, und die Kamera bestätigt ihn eindrucksvoll. Doch bevor sie sich entfalten kann, verschwindet sie ganz beiläufig aus der Handlung. Ihr Part in dieser Ode auf die Vagabundenromantik bleibt bescheiden wie die Arbeiterin Dolores.

Es war Hedy Lamarrs Pech, daß sie trotz einzelner Erfolge, trotz Erweiterung ihres Repertoires auch weiterhin in den Strudel aberwitziger Planungen geriet, gegen deren Zumutungen sie sich nicht wehren konnte oder wollte. Noch immer machte es ihr Akzent fast unausweichlich, daß man sie mit entsprechenden Rollen bedachte. Zudem hatte ihre langsame Entwicklung bei MGM die Geduld Mayers und seiner Hilfstruppen über Gebühr strapaziert, erst recht, weil sie manche Rollen ohne triftigen Grund ablehnte. Sie erschien zu kompliziert und kapriziös, und so lieh man sie gern an Warner Bros. aus. Ihre Rolle in ›The Conspirators‹ (1944) war akzeptabel, wenngleich sie ihr kaum Charisma zu verleihen wußte. Zu übermächtig war die Vorstellung von Ingrid Bergman in ›Casablanca‹, auf dessen Erfolgswelle man mit ›The Conspirators‹ unbedingt surfen wollte. Für Hedy Lamarr blieb einmal mehr nur das Abbild, die Kopie, das Imitat. Selbst mit einer glanzvolleren Performance hätte Irene Ilsa vermutlich nicht aus dem Reich der populären Mythen verdrängen können.

Wie eine Unbeteiligte, unterkühlt und ohne Glut wirkt sie bisweilen neben ihrem Landsmann Paul Henreid, der insofern unglücklich besetzt war, als er mit dem Bogart-Image konkurrieren mußte, dessen Verewigung er in ›Casablanca‹ gerade noch als Sidekick gedient hatte. Hedy Lamarr hatte sich ihren Part selbst gewählt, sie hatte gemeinsam mit Henreid ›Top Billing‹, ihre Kostüme waren gewohnt eindrucksvoll und brachten ihre Eleganz zur Geltung. Auch ihre kommerziellen Instinkte waren richtig, denn der Film reüssierte an der Kasse. Doch ob ganz in Weiß im offenen Wagen, ob mit funkelnden Pailletten auf dem transparenten Oberteil des Kleides, auch hier konnte man offenbar der Versuchung nicht widerstehen, ihr einen leichten orientalischen Touch zu verleihen, der das Damenhafte mit dem vage Exotischen zu kombinieren versucht. Gegenüber dem lockeren Charme von Henreid wirkt sie dabei zu besorgt, zu wenig leidenschaftlich in der Liebe wie in der Politik. Selbst wenn sie zu ihm beschwörend sagt: ›Vergiß die Zeit, für einen Augenblick nur‹, fehlt der letzte Nachdruck. Leid steht ihr im übrigen besser als Entschlossenheit. Wenn sie Henreid im Gefängnis besucht, trägt sie einen Hut mit Schleier, den sie energisch nach hinten wirft, die Gitterstäbe der Zelle zeichnen ihr Muster auf Hedy Lamarrs Gesicht, doch sie verbreitet weniger Mut als Zögern und Zaghaftigkeit. Erst am Ende, wenn ihr sorgenumwölktes Gesicht im Halbschatten versinkt, wenn sich das Boot mit Henreid langsam vom Anleger entfernt, streift einen ein Hauch jener Magie, die jeden Mann sich umgehend an Henreids Stelle wünschen läßt. Doch noch immer bleibt dabei zweifelhaft, ob die behauptete Glut auch wirklich glimmen würde, wenn er zu ihr zurückkehren sollte.

Über ›Her Highness And The Bellboy‹ (1945), in dem sie als Prinzessin eines Phantasielandes eine weitere Etüde in milder Exotik abliefern mußte, wollte sie mit Recht lieber gar nicht reden, wie Christopher Young in seinem Buch mitteilt. Auch Mickey Rooney, der ursprünglich vorgesehen war für die Rolle des Hotelpagen, hätte den Film kaum schlimmer machen können. Wer ihn irgendwann einmal auf Ted Turners Classic Movie-Kanal zu später Stunde an sich hat vorbeirauschen lassen, mag mitunter kaum glauben, was er gesehen hat. Nur gegen Hedy Lamarrs Garderobe läßt sich wie immer nicht der geringste Einwand vorbringen. Sie ist die größte Investition von Phantasie im gesamten Film. Doch die Steifheit ihres Spiels läßt sich mit keinem höfischen Zeremoniell eines noch so exotischen Landes in Verbindung bringen. Was sie als ›Her Highness‹ vorführte, war immerhin eine neue Schattierung: Wie schon in ›The Conspirators‹ verschmolz sie die elegante Lady mit der Imago der Fremden. Die Verwechslungskomödie, mit deren Mechanik der Film mehr schlecht als recht hantiert, erwies sich dabei allerdings nicht gerade als ein ideales Element für eine Hedy Lamarr.

Eine Extradosis Exotik war es dann, wohl nicht ganz zufällig, die noch einmal die Hoffnung auf Wiederbelebung der Karriere keimen ließ. Über ›Samson And Delilah‹ (1949) ist Groucho Marx' böses Wort einschlägig, dies sei der einzige Film, den er kenne, ›in dem der Hauptdarsteller größere Titten hat als die Hauptdarstellerin‹. Daß Hedy Lamarr selbst die Delilah für ihre beste Rolle halten soll, ist fast schon tragisch. Es war ihr erster Farbfilm, ein wahrer Ölschinken, in dem alles glänzte, am wenigsten leider das Spiel der Akteure. Ihre Statik, die bisweilen an eine Karikatur grenzenden Bühnenattitüden, waren jedoch in dem kolossalen Ambiente nicht so dysfunktional, wie man meinen sollte. In nahezu allen Bibelepen sind die Schauspieler ohnedies primär Anhängsel der Bauten und Effekte, und so sorgen Hedy Lamarrs freizügige Gewänder für einen ähnlichen Schauwert wie der einstürzende Tempel oder die Wagenrennen und Gladiatorenkämpfe in ›Ben Hur‹.

Die Comeback-Hoffnung erwies sich als so trügerisch wie die Mission der Bibelepen jener Jahre, die dem Fernsehen mit Monumentalität den Kampf ansagten. Michael Wood hat in seinem Buch ›America in the Movies‹ diesen Subtext der Bibelfilme beschrieben: ›Die altertümliche Welt der Epen war eine gewaltige, facettenreiche Metapher für Hollywood selbst … In ‚Samson And Delilah' stürzt Gaza um Samson herum zusammen, die Erde öffnet sich in ‚Die Zehn Gebote', um die Sünder aufzunehmen. Verhängnis und Apokalypse lauern in diesen optimistischen Filmen, Zeichen der Katastrophe umgeben die Siegesfeiern.‹ In bescheidenerem Ausmaß trifft diese Diagnose auch auf den Zustand von Hedy Lamarrs Karriere zu.

Die vertraute Gestalt der Exotin sollte sie danach nur noch einmal spielen, in ›A Lady Without A Passport‹ (1950), wo sie wenig Unterstützung von Mitspielern und Regie erhielt. Die Kostüme waren ansehnlich, doch es gab nur wenige Szenen, die sie zu ihren Gunsten hätte ausbauen können. John Hodiak als ›male lead‹ wirkt neben ihr überaus fad bis desinteressiert. Die kürzeren Haare stehen Hedy Lamarr nicht allzu gut, sie wirkt erst aparter, wenn auf der Flucht die Frisur in Unordnung gerät. Mit hochgeschlossener Bluse bewegt sie sich durch die Everglades in Florida, ein wenig damenhafter als zu Anfang, wo sie im zweiteiligen Glitzergewand auch ein wenig Bauch und die unverhüllte linke Schulter zeigt. Auch diese Enthüllung hat allerdings System: Beim ersten Tête-à-tête mit Hodiak entblößt sich infolge einer heftigen Bewegung ihr rechter Oberarm, und man sieht eine Tätowierung aus Zahlen und Buchstaben: ›Eine andere Erinnerung an Gesetz und Ordnung. Buchenwald‹, sagt sie bitter. Die Bitterkeit ist nicht sehr überzeugend, auch die Reminiszenz ist arg beliebig, sie soll vor allem den Kontrast zum Traum von Amerika liefern, den Lamarrs Figur in die schlichten Worte ›ein Heim, Respekt und freundliche Nachbarn‹ faßt. Daß auch John Hodiaks Joseph sich in der Schlußszene als Pete Karzag vorstellt, zelebriert das Happy end für die verfolgten Immigranten, die ihre Sicherheit im ›melting pot‹ Amerika finden. Ziemlich auffallend ist dagegen während des gesamten Films, wie deutlich Lamarrs Anmutung mit der Seite variiert, von der sie fotografiert wird. Die ›Sonnenseite des Pfirsichs‹ (Claudette Colbert) ist bei Hedy Lamarr die linke Gesichtshälfte, und wenn die Kamera es gut mit ihr meint, dann wird sie bei

Profilansichten in der rechten Bildhälfte plaziert und ihr männliches Gegenüber in der linken. Das unverkennbare Altern wird auf diese Weise geschickt überspielt.

Wo nun die Fremde, die Exotin, nicht mit der Gestalt der Dame von Welt verschmolz, da mußte sie meist als einfache Ehegattin oder als deren Bedrohung firmieren. Die Aktion geht nicht von ihr aus, die Ladies sind in diesem Ambiente nur Spiegelflächen, denen allein Wortwitz und Schlagfertigkeit aus der Passivität helfen konnten wie beispielsweise im Falle von Claudette Colbert in ›It Happened One Night‹. Die Dame fungiert als Dekoration, als Reagierende mit unbestimmtem Handlungsbereich. Interessante Facetten ergaben sich nur dann, wenn Verhalten und soziale Stellung auseinanderklaffen, am deutlichsten in ›Strange Woman‹.

In ›Boom Town‹ (1940) wird Hedy Lamarr mehr noch als Claudette Colbert von der Wucht der Männerfreundschaft zwischen den beiden Johnnys (Gable und Tracy) zurückgedrängt; dem Duo Gable-Colbert hätte sie jedoch auch bei einem anderen Drehbuch wenig entgegenzusetzen gehabt. Karge sieben Szenen sind ihr in ›Boom Town‹ vergönnt, die meisten nur kurze Auf- und Abtritte, jede allerdings mit einem neuen, sehenswerten Kostüm. Das Exotische ist hier ins Unspezifische aufgelöst. Karen Vanmeer heißt ihre Leinwandfigur, auch wenn die deutsche Synchronfassung sie hartnäckig als Cora tituliert (von der deutschen Synchronstimme schweigt man besser ganz), und sie hat einmal, so heißt es vage, in Westindien gelebt. Das Damenhafte wird doppelt gebrochen. ›Halbseiden‹ nennt Spencer Tracy sie in einer Szene, und es bleibt undurchsichtig, was sie tut, um in New Yorks besseren Kreisen jene geschäftlichen Informationen aufzuschnappen, von denen Gable profitiert. Zudem bedroht sie durch die Vermengung von Geschäftlichem und Privatem die Ehe des Ölbarons. So unmotiviert und plötzlich wie sie nach über einer Stunde im Salonwagen eines Geschäftspartners zum ersten Mal erscheint, muß sie auch abtreten: immerhin ein damenhafter Rückzug in Würde, weil sie durch den Verzicht auf die Affäre mit Gable dessen Ehe respektiert. Doch im letzten Blick, den sie aus dem Halbschatten auf Gable richtet, in der gefaßten Trauer liegen das unbestimmte Versprechen und die Leidenschaft, die sie bei ihren Auftritten zuvor schuldig geblieben ist.

Mit Spencer Tracy hatte sie sich von Anfang an nicht verstanden. Bei ›I Take This Woman‹ (1939) zeigte er wenig Interesse daran, bei der Beförderung ihrer Karriere zu assistieren, doch er hielt immerhin still. Es war erneut eine Formel, die nicht funktionierte, vor allem auch deshalb, weil sich Mayer von Josef von Sternberg eine Wiederholung dessen erhoffte, was der Regisseur für die Karriere der Dietrich vollbracht hatte. ›My Hedy Lamarr picture‹ nannte Mayer ›I Take this Woman‹, und das Studio drängte auf schnelle Auswertung des frischen Hedy-Lamarr-Appeals. Doch die Dreharbeiten des wenig inspirierten Melodrams zogen sich hin, die Regisseure kamen und gingen, bis das Projekt nur noch als ›I Re-Take this Woman‹ bezeichnet wurde. Kein Zweifel, daß es einer der schlechtesten Filme war, die je auf dem MGM-Lot gedreht wurden.

Später, in ›Crossroads‹ (1942), hätte die Leinwand mit etwas mehr Chuzpe und Aktivität dann ihr gehören können, auch wenn sie durch das Drehbuch nicht gerade in eine vorteilhafte Ausgangsposition gebracht wurde. Primär muß sie in eleganter Kostümierung als Diplomatengattin herumstehen und sorgenvoll darauf warten, was ihrem von allerlei Intrigen bedrohten Ehemann als nächstes widerfahren wird. Die vorne hochgesteckten Haare bieten zwar eine erfreuliche Bereicherung ihres Repertoires an Frisuren, ihre Haltung ist damenhaft und ihre Bewegungen sind schön und gemessen. Doch mangels eigener Initiative wird sie auf diese Weise mehr und mehr zur Staffage. Sie müht sich, sie sucht Rat bei Freunden, wie sie ihrem Mann helfen kann, doch der Mann bleibt in jeder Minute das Gravitationszentrum. Besonders sinnfällig ist das in einer Szene gegen Ende des Films, wenn sie mit beiden Händen fest seinen linken Arm umklammert. Mehr als ein ›Oh darling, you're wonderful‹ darf sie zur finalen Auflösung des Verdachts gegen ihren Gatten nicht beisteuern. Ihr Aktionsradius ist hier noch stärker eingeschränkt als beispielsweise in ›The Conspirators‹, wo sie immerhin eine Schlüsselrolle bei der Rettung ihres Geliebten übernehmen mußte. Auch William Powell, dessen Teamwork mit Myrna Loy als ›Dünner Mann‹ so unvergeßlich ist, schien sich in der Rolle des von Amnesie befallenen Diplomaten nicht sonderlich wohl zu fühlen.

In ›The Heavenly Body‹ (1943) muß man wohl eher eine Strafaktion sehen, nachdem Hedy Lamarr sich geweigert hatte, in ›Dragon Seed‹ nach Pearl S. Buck an einer weiteren Auflage der Exotin, dieses Mal ›Made in China‹, mitzuwirken. So wenig wie in ›Crossroads‹ wächst sie mit William Powell zum schlagfertigen Team zusammen, und es ist schwer zu sagen, ob es einfach an der mangelnden Elektrizität zwischen beiden liegt oder an der Schlichtheit der Story, deren unterschwelliges Screwball-Potential zu keiner Sekunde zündet. Das Drehbuch läßt Hedy Lamarr nicht so raffiniert sein, daß sie ihren gedankenabwesenden Ehemann mit List und Sex-Appeal verführen könnte. Sie erscheint ein wenig naiv, fast dümmlich, wenn sie zu ihrem Astronomen-Gatten anfänglich sagen muß: ›my clever little astrologer‹, aber auch Powell wirkt steifer, als es die Rolle des von seiner Arbeit besessenen Sternenguckers verlangte. Wenn sie nicht gerade zu entgeistert dreinschaut, sind die Closeups von Hedy Lamarrs Gesicht noch das Lohnendste an dieser matten Ehekomödie. Und man entdeckt nebenbei, daß ihre Kostüme hier desto vorteilhafter zur Geltung kommen, je mehr sie den Kontrast von hellem Gesicht und dunklem Haar noch einmal reflektieren.

Ähnlich indifferent, wenngleich aus anderen Gründen, wirkt sie in Jacques Tourneurs psychologischem Krimi ›Experiment Perilous‹ (1944), einer Produktion, für die MGM sie an RKO ausgeliehen hatte. In den Kostümen der Jahrhundertwende, mit etwas aufgehellten Haaren und zeittypischer Frisur macht sie nicht die vorteilhafteste Figur. Überdies sind die feineren Schattierungen einer verängstigten und depressiven Frau nicht gerade ihre stärkste Seite. Und selbst das Gemälde, angesichts dessen der Psychiater Feuer fängt, strahlt schwerlich die Aura einer Hedy Lamarr aus. Ihre Blicke werden zwangsläufig starr und verschreckt, ihre Stimme ist leise und erstickt. Die tyrannisierte Ehefrau, die hilflos verharren muß, bis endlich der Retter erscheint, wirkt wie ein Gegenbild zu ihrer eigenen Vita. Aus dem goldenen Käfig ihrer ersten Ehe mit Fritz Mandl wußte sie sich selbst zu befreien, im Kino dagegen erscheint sie auf übertriebene Weise paralysiert. Wie eine gezielte Anspielung klingt es, wenn ihr Film-Ehemann Hedy Lamarr als jungem Mädchen verspricht, sie zu ›the century's greatest beauty‹ zu machen. Was im Film zum Fluch wird, war auch in ihrer Hollywood-Karriere kein Segen. Und niemand kam, um ›die schönste Frau des Jahrhunderts‹ aus dieser Be- und Gefangenheit zu befreien.

Über ›Strange Woman‹ (1946) sagt die Werbung das Wesentliche: ›Von den Lippen der Strange Woman fließt Honig, und ihr Mund ist weicher als Seide. Doch ihr Schicksal ist bitterer als Wermut, scharf wie ein zweischneidiges Schwert.‹ Gleichwohl war die Rolle in diesem von Hedy Lamarrs Firma produzierten Film eine ihrer eindrucksvollsten, auch wenn ein Wiener Akzent in Maine nicht gerade passend erschien. Das ›period piece‹ sorgte erneut für einen Kostümwechsel, und die Rolle der Hexe in schönen Kleidern, die eisig ihren sozialen Aufstieg verfolgt und zur Furie wird, als ihre Pläne scheitern, spielt Hedy Lamarr mit erstaunlicher Verve. Da fällt es auch nicht ins Gewicht, daß sie als Verführerin weniger überzeugend wirkt denn als skrupellose Intrigantin. Doch der kleine Aufwind, den ihre Karriere mit dem kommerziellen Erfolg des Films zu nehmen schien, war rasch wieder verweht.

Mit ihrem damaligen Noch-Gatten John Loder tat sie anschließend in ›Dishonored Lady‹ (1947) keinen sonderlich glücklichen Griff, obwohl Hedy Lamarr laut ihrer Autobiographie noch einmal all ihre Reize spielen ließ, um Loder zur Mitwirkung zu überreden. Als aalglatter Juwe-

lier mit dünnem Oberlippenbärtchen, der nicht von ihr lassen will, sind seine Avancen wenig überzeugend. Leidenschaft sieht auch als gespielte anders aus. Als ›working girl‹ befindet sie sich dagegen in einer Art Exil, in Erwartung eines edelmütigen Retters, der sie zu einem angemesseneren Zustand von Weiblichkeit erlöst. Wäre der Film nicht so furchtbar durchsichtig konstruiert und wären die männlichen Parts nicht so hölzern besetzt, dann hätte Hedy Lamarrs Karriere gleichwohl noch einmal eine Wende nehmen können. So aber ist ›Dishonored Lady‹ nur einer jener Lamarr-Filme, die sich retrospektiv und mit hermeneutischem Spieltrieb auch autobiographisch deuten lassen. In der berufstätigen Frau, die energisch ihren Weg verfolgt und sich damit psychisch und physisch überfordert, erkennt man ein Stück von Hedy Lamarrs eigener Geschichte wieder. ›You let him fall in love with an illusion‹, sagt der Psychiater zu ihr, als sie ihm erzählt, sie habe sich verliebt; und die Müdigkeit infolge eines aufreibenden Jobs und wechselnder Affären sind vermutlich weniger einstudiert, als ihr lieb sein konnte. Auch Besuche beim Psychiater waren ihr vertraut, einschließlich des Appells, ›to discover the person you really were‹. Und wie ihre Madeleine, wenn sie sich unter falschem Namen ins New Yorker Greenwich Village zurückzieht, begann auch Hedy Lamarr später zu malen, als sollte das Leben wieder einmal das Kino imitieren.

Zwei Jahre vor ›Samson And Delilah‹ jedoch kann man in kurzen Momenten auch noch einmal die Schönheit und Jugendlichkeit ihrer frühen Auftritte bewundern. Ob in Pelz und schimmerndem Abendkleid, in modischen Kleidern und in schlichter, fast biederer Kostümierung,

sie verkörpert das Mondäne ebenso hinreißend wie das Frische und Ungla-
mouröse. Wenn sie bleich, schön und
apathisch anfangs im Auto sitzt, wenn die
Blässe unter der Kapuze fast hervor-
leuchtet und ihre großen Augen ungläu-
big blicken, dann scheint die glanzvolle
Premiere von ›Algiers‹ nicht allzu weit
zurückzuliegen. Ihren Akzent muß sie in
dieser Rolle nicht so sehr hervorkehren,
leider jedoch die Schutzbedürftigkeit
der fragilen Schönen, trotz jener kleinen
Szene, in der sie ihren künftigen Film-
Ehemann kennenlernt. Sie hebt ganz
behutsam und selbstverständlich eine
entlaufene Labormaus vom Boden auf
und gibt sie ihm zurück. Eher bemüht
wirken dagegen die Szenen im Büro,
wenn sie die toughe, gestreßte Redakteu-
rin eines großen Modemagazins darstel-
len muß – wie ein Wartestand, bis sie endlich dem Beschützer in die Arme sinken
darf. Ohnehin sinkt sie auffällig oft. Statt
das Paar aufeinander zukommen, sich
einander annähern zu lassen, muß sie
immer wieder ihre Arme nach ihm aus-
strecken wie nach dem rettenden Ufer. So
bleibt auch ihre Rolle nur ein Fragment.
Dafür zeigt sich in ›Dishonored Lady‹
noch einmal ein altes Muster, das in Hedy
Lamarrs Karriere so oft wirksam wurde:
Sie übernahm einen Part, in dem Joan
Crawford bereits reüssiert hatte, und sie
konnte aus diesem Schatten nicht heraustreten. Kommerziell spielte der Film
kaum seine Kosten ein, so daß mit ihm

zugleich der Versuch beendet war, sich unabhängig vom Diktat eines Studios mit einem eigenen Profil zu etablieren.

›Let's Live A Little‹ (1948) sah sie dann als Psychiaterin. Der Wechsel von der Couch auf den Stuhl daneben fiel ihr nicht gerade leicht, so wenig wie der zähe Komödientonfall. Zudem kapriziert sich der Film ganz auf Robert Cummings als Werbefachmann in der Krise. Der Raum für Hedy Lamarr ist knapp definiert, und sie weiß ihn einmal mehr nicht bis an die Grenze zu nutzen. Ihre Kleidung ist dieses Mal angemessen schlicht und gedeckt, ihre Züge sind strenger, und beim Besuch im Nachtclub darf sie als Psychotherapeutin natürlich längst nicht so glamourös erscheinen, wie sie es zweifellos noch gekonnt hätte. Die angedeutete Blaustrümpfigkeit ist jedoch auch nicht ihr Metier. Woran man sich bei diesem Film einzig erinnert, sind jene Szenen, in denen sie zornig und verzweifelt werden darf: etwa als Cummings sie gegen ihren Willen zu küssen versucht, sie sich losreißt, sich ihr Haar löst und der blitzende Zorn sie hinreißend macht. Und noch einmal legt sich das unwiderstehliche Sfumato über ihr Gesicht, während sie sich schlaflos im Bett hin- und herwälzt. Doch das unvermeidliche Happy end des Films ist dann so fad wie selten, weil es sie in die Arme eines Partners zwingt, mit dem es den ganzen Film lang nicht einmal leise geknistert hat.

›Strange‹ wirkte sie dann auch als Saloonbesitzerin mit Locken und in eher biederen Ante-Bellum-Kostümen. ›Copper Canyon‹ (1950) inszeniert Hedy Lamarr als eine Art Fünfziger-Jahre-Variante des ›bad good girl‹, die aus Liebe ihre leicht obskure Vergangenheit und Verstrickung mit der Gegenseite überwindet. Die Farbe bekommt ihr nicht. Meist hat sie zu viel Rouge auf den Wangen, und man sieht bei aller Apartheit recht deutlich, daß ihre Züge härter geworden sind. Ihr Exotismus ist hier gewissermaßen ein ›inneramerikanischer‹, da sie aus New Orleans stammt. Wie ungewollte Ironie klingt es, wenn ihr Partner Ray Milland zu ihr sagt: ›Fast hättest du mich mit deiner Schauspielkunst überzeugt.‹ Ihr Part in ›Copper Canyon‹ ist bescheiden, und wie so oft gelingt es ihr nicht, darüber hinauszuwachsen, ihn mit zwei, drei kleinen Auftritten in Erinnerung bleiben zu lassen. Der Farbfilm macht zudem unübersehbar, wie sehr ihre Schönheit in den späten dreißiger und frühen vierziger Jahre zuhause war, wie sich das, was man rückwirkend als ihre eigenartige ›Modernität‹ bezeichnen könnte, aus den Lichtverhältnissen, aus den besonderen visuellen Möglichkeiten des Schwarzweißfilms ergibt. Mit der Farbe stellt sich zugleich, wenn auch nicht so drastisch wie in ›Samson and Delilah‹, ein leichter Stich ins Vulgäre ein.

Wenn man Bob Hope erträgt, so ist ›My Favorite Spy‹ (1951) für Hedy Lamarr nicht ihre schlechteste Komödie gewesen. Getrübt wird dieser Eindruck durch den Ärger in der Postproduktion. Bob Hope sah sich nach der ersten Schnittfassung zurückgedrängt und setzte daraufhin Korrekturen durch, die ihn in ein besseres Licht rückten. Die endgültige Fassung läßt Hope in allen komödiantischen Nummern die beste Pointe, auch wenn die Pointen ausnahmslos so glänzend nicht sind. Unübersehbar ist, wie schon in ›Samson And Delilah‹, daß Hedy Lamarr gealtert ist und ihre Züge weniger filigran sind. Besonders unvorteilhaft wirkt jedoch das modisch gebotene Styling ihrer Augenbrauen, die im Vergleich zu den dreißiger und vierziger Jahren so hochgezogen sind, daß man glauben muß, sie ziehe ein wenig blasiert ständig die Brauen hoch. Mitunter erscheint sie fast zickig, und eine gewisse Schmallippigkeit nimmt auch ihren beiden Gesangsnummern die Suggestivkraft, wenn sie zu Hope an den Tisch tritt und mit sparsamen, aber deutlichen Bewegungen die beiden Frauen vertreibt, die sich zu seiner Linken und Rechten niedergelassen haben. Beide Songs sind allerdings synchronisiert. Durch die angenehme Tonlage der Synchronstimme wirkt Hedy Lamarrs eigene Stimme flacher, mitunter sogar ein wenig schrill. Auch ihre Temperamentsausbrüche haben nicht mehr den Charme der früheren Jahre. Begreiflich ist allerdings schon, daß sie Hope tritt und mit einem Messer bedroht, denn in ›My Favorite Spy‹ wird sie das einzige Mal in ihrer Leinwandkarriere rüde mit einem Fausthieb niedergeschlagen. Wie apart sie phasenweise noch immer aussehen konnte, das darf man erst gegen Ende bewundern, wenn sie auf der turbulenten Flucht in Feuerwehrkluft schlüpfen muß. So tief sitzt der Hut in der Stirn, daß der Effekt der Augenbrauen verschwindet, und ihr Gesichtsausschnitt und ihr Lachen haben beinahe wieder etwas Mädchenhaftes. Daß das Schlußbild sie mit Hope in einer innigen Umarmung vereint, das hat sie wahrlich nicht verdient.

Zu den eher unwahrscheinlichen Besetzungen, die sich kurzfristig von den beiden genannten Schnittmustern entfernen, zählt die Rolle einer Sekretärin aus dem Mittleren Westen, aus Iowa. Diese Herkunft mag auch der Gutgläubigste nicht mehr für die unwiderstehliche ›magic of cinema‹ halten. Ihren Part in ›H. M. Pulham, Esq.‹ (1941) soll sie per Zufall erhalten haben, als sie bei einem Dinner neben King Vidor saß; später soll Hedy Lamarr ihn als einen der besten ihrer Laufbahn bezeichnet haben. Ganz falsch ist das Urteil nicht. Ihr Spiel ist angemessen zurückgenommen, sie enthält sich als eine, die in der Liebe verzichten muß, auch aller übertriebenen Melodramatik. Die stets leicht gehemmte Leidenschaft der Schauspielerin Hedy Lamarr paßt ideal zur Figur der Sekretärin, die einsieht, daß sie den Mann aus besseren Kreisen nicht an sich binden kann. Auch als berufstätiges ›girl‹ wirkt sie überraschend souverän, wenngleich sie den Vergleich mit einer Katharine Hepburn natürlich nicht bestehen kann.

Ziemlich unterirdisch wiederum mutet an, was außerhalb der Stereotypen zu liegen scheint, aber lediglich neue reproduziert. Es ist schon signifikant, daß die Kostümfrage als das zentrale Motiv in ›L'Amante di Paride‹ (1953) fungiert, wenn sich Hedy Lamarr anläßlich eines Balls vor die quälende Frage gestellt sieht, in welcher Rolle sie gehen soll: als Schöne Helena, als Napoleons Josephine oder als Genevieve von Brabant. So wird sie vor lauter Entscheidungslosigkeit zur ›Eterna Femmina‹ – einer der zahlreichen Titel, unter denen der Film verkauft werden sollte –, deren Ewigkeit nur unerheblich länger währte als die Dreharbeiten. Und die mythischen Gestalten der großen Frauen, die die Männer-Welt bewegten, verwandeln sich unversehens in prosaische Kleiderständer. Unter der Regie von Irwin Allen, dessen Œuvre man nicht zu nahe tritt, wenn man sagt, es seien einige der schlechtesten Arbeiten der Filmgeschichte darunter, ließ sie sich in eine weitere veritable Blamage hineinziehen. Wenn sie als Jeanne d'Arc ihre Truppen zur ›Attack‹ ruft, wollte sich das Publikum vielerorts ausschütten vor Lachen. Doch sie war nicht die einzige Kuriosität in diesem Reigen der unfreiwilligen Komiker; allein die Marx' Brothers sind es, die für eine Infusion wirklicher Komik sorgen. Das ›All-Star-Desaster‹ von ›The Story Of Mankind‹ (1957) reihte sich ein in die zahlreichen unfreiwilligen Abgesänge auf Hollywoods goldene Jahre.

Symptomatisch für Hedy Lamarrs sinkenden Stern ist ihr Part in ›Slaughter On Tenth Avenue‹ (dt. ›Drei Schritte vor der Hölle‹). Aus der verliehenen Fassung von Arnold Lavens Film aus dem Jahre 1957 sind sämtliche Sequenzen mit ihr verschwunden, so daß er auch in den meisten Filmographien fehlt. Wie in einem leicht verzerrten Spiegel erschien Hedy Lamarr dann am Ende ihrer Karriere in ›The Female Animal‹ (1957), und dieses Vexierbild hätte sich für einen Abschied nicht schlecht geeignet. Doch neben einem hölzernen George Nader, der mit seinen kantigen Gesichtszügen in der Tat als Jerry Cotton eine bessere Figur machte, blieb auch sie blaß. Kein tragischer Appeal resultiert aus der Rolle des alternden Filmstars, die ihr Gelegenheit zur indirekten Selbstdarstellung geboten hätte. Auch die Besetzung von Jane Powell als Tochter war kein geschickter Griff, denn mit Mitte 40 sah Lamarr zu jung aus, um als Powells Mutter durchzugehen, die ihrerseits schon Ende 20 war. Wenn man die beiden im Film nebeneinander sieht, möchte man sich nicht unbedingt vorstellen, wie Powell mit Mitte 40 aussehen würde. Daß Powell dann als Lamarrs ernsthafte amouröse Konkurrentin um den Muskelmann Nader antreten muß, verhilft dem Film nicht gerade zu größerer Überzeugungskraft. Hedy Lamarr hat einen verkniffenen Zug um den Mund bekommen, Nase, Kinn und die gesamten Gesichtszüge sind spitzer geworden, die Brillianten, die sie um Hals und Handgelenk trägt, blitzen falsch. Daß sie zu diesem Zeitpunkt längst einen Schönheitschirurgen konsultiert hatte, muß man angesichts ihrer frappierenden Faltenfreiheit wohl annehmen.

Auf ihre Frisur wurde jedoch nicht mehr die Sorgfalt verwendet wie in früheren Jahren. Die Fransen, die ihr während des Films-im-Film ins Gesicht hängen, machen ihre Erscheinung beinahe zum Allerweltsgesicht, und wenn sie die Haare in die Stirn gekämmt trägt, wirkt das ein wenig trutschig. Statt einen modischen Trend zu setzen wie einst in ›Algiers‹, paßt sie sich unauffällig den modischen Durchschnittswerten der ausgehenden fünfziger Jahre an. Ein hübsches Gesicht unter vielen, in dem man wie bei einem Palimpsest die vergangene außerordentliche Schönheit entziffern muß. Noch immer ist ihre Figur ansehnlich, wie man in einer Bikini-Szene unschwer erkennt, doch der Schwarzweißkontrast ihrer Kleidung, der immer wieder für so aparte Effekte gesorgt hatte, wird in ›The Female Animal‹ kaum genutzt.

Natürlich kann man bei diesem Film nicht umhin, noch einmal an ›Sunset Boulevard‹ (1950) zu denken, an Hollywoods gelegentlich aufblitzendes Talent, die Wahrheit über sich selbst auszuplaudern, die Leinwand zum doppelten Spiegel werden zu lassen. Vielleicht muß es für solche Selbstbespiegelungen nicht immer gleich ein Billy Wilder sein; ein Harry Keller allerdings reicht keinesfalls. Hedy Lamarrs Vanessa Windsor – allein schon der Name! – ist fern von der Düsternis, dem Wahn und der Verzweiflung des gefallenen Stars. Das liegt an der Geschichte, die ihr gar nicht erst die Fallhöhe für den Sturz erlaubt, aber es liegt auch daran, daß Hedy Lamarr nicht ansatzweise die Energie aufbringt, die Rolle als ein Vehikel der Selbstdarstellung zu nutzen oder sich – wie es Wilder mit Gloria Swanson gelang – ein Selbstporträt wider Willen entlocken zu lassen. Ihre Vanessa ist trotz einschlägiger Posen weniger divenhaft als einfach zickig, die wenigen Tränen, die sie vergießt, wirken alltäglich statt ›bigger than life‹, und wenn sie schwankend aus ihrem Trailer auf den Set geht, nachdem die Kamera flüchtig die leere Whiskyflasche gestreift hat, fehlt ihrer Gestik und Mimik der Ausdruck tiefer Verzweiflung. Die Selbstzerstörung durch Selbstbetrug, die Gloria Swansons Norma Desmond ihre Grandezza verlieh, läßt der Film nicht einmal ahnen. Er gönnt Hedy Lamarr allenfalls Bitterkeit und eine leise Selbstgefälligkeit, eine vage Unruhe darüber, daß die großen Zeiten vorbei sind. Am Ende liegt sie in einer aus vielen Filmen vertrauten Position im Bett, kein Sfumato mildert ihre gealterten Züge. Das Halbdunkel des Krankenhauszimmers hat keinen Zauber mehr. Ihre Lippen zittern in der Großaufnahme, die Augen unterm unvorteilhaften Balken der Brauen sind wässrig und flackern. Dann schließt sie sie ermattet, und es wird dunkel: ›The End‹. Hedy Lamarrs Hollywood-Karriere, in die sie aus der dunklen Gasse der Kasbah so strahlend eingetreten war, war geräuschlos zuende gegangen.

Daß sie wider alle Erwartung (und ebenfalls völlig unbeachtet) als ›movie goddess‹ in einem Film wie ›Instant Karma‹ (1990) noch einmal auftreten sollte, bildete einen sehr späten, sehr trostlosen Epilog. Es war die letzte, wenn auch eine folgenlose der vielen Fehlentscheidungen, und man wüßte gern, wer sie zu ihrem Auftritt in diesem gnadenlos schlechten Film überreden konnte. Schon im Rollennamen liegt ein Affront, obwohl er nach Huldigung klingt: ›movie goddess‹. Die nackte Allgemeinheit des Begriffs hat etwas Wahlloses, auch wenn damit vielleicht gerade ein Inbegriff gemeint ist. Die Bezeichnung ist – mit Sicher-

heit gänzlich unfreiwillig – die traurige Erinnerung daran, daß der Name Hedy Lamarr einstmals den Zusatz ›movie goddess‹ gar nicht benötigt hat. Doch sich selbst zu spielen und dabei noch ihr Image ironisch zu zitieren, das war womöglich die Rolle, die sie am meisten überfordert hätte.

Abblende

›You stepped out of a dream‹, so hat, wie bereits zitiert, Christopher Young geschrieben. Erst wenn man ihn auf den Kopf stellt, wird der Satz schlüssig. Hedy Lamarr war eine Figur in vielen Träumen, in den eigenen, in denen des Publikums wie denen der Studios, zumal bei MGM, wo es darum ging, mit einer neuen Starkreation das Geschäft zu beleben. Sie konnte nicht in diesen Träumen verharren, doch ohne Verlust herauszutreten, gelang ihr auch nicht recht. Man könnte an Rita Hayworths berühmten Satz denken, die einmal gesagt haben soll, die meisten Männer hätten geglaubt, mit Gilda ins Bett zu gehen, sie seien dann aber neben Rita Hayworth aufgewacht. Aus Gaby war keine Gilda zu machen, nicht einmal aus Tondelayo, und das Mädchen aus ›Ekstase‹ war längst verschwunden. In jener Sphäre, wo sie entweder von der Aura der einen großen Rolle hätte zehren oder losgelöst von den einzelnen Filmen überdauern können, faßte sie nie wirklich Fuß. Zu lang lag ›Ekstase‹ zurück, zu schnell war damals sein Skandalwert verbraucht. Von ihren Leinwandfiguren ließ sich kaum träumen, doch dafür wachten vielleicht die Männer, mit denen sie ins Bett ging, auch neben der Person auf, mit der sie ins Bett gegangen waren.

Der Traum, den Young in Anlehnung an einen Song von Tony Martin aus ›Ziegfeld Girl‹ beschwört, hält die Dinge in der Schwebe, er ist der Potentialis des Lebens, und seine flüchtige Materialisierung in Zelluloid kann manchmal schon zu viel sein. Welcher entscheidende Schritt es war, der Hedy Lamarr fehlte, ist auch nach all den bisherigen Anläufen nicht definitiv zu beantworten. Und vielleicht erinnert man sich deshalb lieber an das geheimnisvolle, vielversprechende Lächeln der steinernen Göttin, das Jules und Jim in François Truffauts Film auf einer Mittelmeerinsel entdecken und in Jeanne Moreaus Gesicht wiederfinden. Im ›Tourbillon de la vie‹ verliert sich dann sogar dieses Lächeln. Und wie gerufen kommt einem dazu ein Foto in der Internet-Gallery vor Augen, auf dem Hedy Lamarr neben einer nicht gerade filigranen Skulptur ihres Gesichtes posiert. Hollywoods Götter waren eben meist nur aus Holz und Pappe.

Auf dem Weg aus dem Kino führt der Gang noch einmal durch die imaginäre Galerie. Man streift noch einmal kurz die Porträts, in deren stillstehende Zeit sich ›die schönste Frau des Jahrhunderts‹ aus all den verschiedenen Rollen zurückbegeben hat. Die Faszination, die von diesem Gesicht ausgeht, will nicht weichen, kontrafaktisch zu den bewegten Bildern, den längst erledigten Geschichten. Jede der Fotografien, auf die der Blick fällt, formuliert ein immer wieder neues Versprechen, von dem jedoch niemand, sie selbst am wenigsten, wußte, wie es einzulösen gewesen wäre. Die Möglichkeitsform gehört selbst der Vergangenheit an, und wer sie als vergangene Zukunft noch einmal entdeckt zu haben glaubt, der ist, wie immer im Kino, vor mancherlei Projektionen nicht sicher.

III.

MOSAIK DER SCHÖNEN LÜGEN –
SKIZZEN UND SPEKULATIONEN ZUR
BIOGRAPHIE

Eine ›screen goddess‹ im Potentialis, das ist nicht nur ein Resümee, es umschreibt auch die Gestalt, die für die biographische Skizze Modell steht. Wen hat man überhaupt vor Augen, wenn man über Hedy Lamarr spricht? Wovon ist überhaupt die Rede? Wer ist Hedy Lamarr? Gleicht das, was schließlich auf den Buchseiten steht, den Resultaten jener Seancen, in deren Verlauf experimentierfreudige Amateure Geister zu fotografieren versuchten? Ist es ein Gespenst oder ein Phantom, ein hybrides Gebilde aus Schatten, Licht, Zelluloid und Papier, eine Person, die weder ihre Rollen noch ihre öffentliche Selbstdarstellung ist, die in diesen zugleich steckt und deren ›wahres Leben‹ man nicht kennt, weil das Leben eines Hollywood-Stars immer schon eine Story ist, an der der eine oder andere ›Script Doctor‹ gefeilt und dieser oder jener Presse-agent für die entsprechende Inszenierung gesorgt hat?

Hätte man sie interviewt und das Gespräch auf Band aufgezeichnet, man wüßte auch nicht wirklich mehr, auch wenn man mehr Material zur Verfügung hätte. War sie labil oder zu klug, zu ahnungslos oder ein Opfer ihrer Illusionen und der Spekulationen anderer? Eine Gefange-ne der Geschichten, die sie oder andere über sie in Umlauf gebracht hatten? Voller Hybris, Hochmut, Selbstgerechtigkeit? Ein Star, der nie begriffen hat, warum der einmal eröffnete Weg zum Hollywood-Olymp versperrt war? Es gäbe vielleicht ein paar Anekdoten zu erzählen, die noch in keine der apokryphen Notizen oder kursorischen Biographien eingesickert sind. Man hätte ein paar Originaltöne mit dem schönen Talmiglanz des Authentischen. In einer Biographie wie dieser gibt es weder Neues ans Licht zu bringen noch die ›Wahrheit‹ aus dem bisher Geschriebenen oder ›hinter‹ den Legenden zu erschließen. Daß auch die Glamour-Gestalt nicht mehr als einen Schattenriß liefert, ist eben-so richtig. Figuren wie Hedy Lamarr kann man nur eine spekulative

Biographie widmen, weil man von einem Leben erzählt, das an der Schnittstelle von Populärmythen, kunstvoll gestalteten Legenden und ›wahren Geschichten‹ stattfindet, in dem sich Leinwandrollen, Publicity-Imago und die Reste, die man so gerne ein Ich nennt, begegnen. Wenn diese unreine Legierung genügend schillert, lohnen sich der Blick und die Erzählung.

Daß es eine Erzählung ist, darf dabei nie vergessen werden. Ein simples Beispiel genügt: Die sechs Ehen der Hedy Lamarr sind natürlich keine Erfindung; man könnte sie als unermüdlicher Forscher in den Standesämtern von Wien, Beverly Hills, Fresno oder sonstwo mit dem Finger auf der Urkunde beglaubigen. Mindestens ebenso sehr aber sind sie ein Produkt der PR-Abteilungen, Publicity-Agenten und der einschlägigen Presse – so, wie aus einem zu vielen Zwecken tauglichen Rohmaterial erst ein verkäuflicher Gegenstand wird, wenn eine gutgeölte Maschinerie ihm das entscheidende ›Finish‹ gegeben hat. In der Fabrik der Phänomene ist auch die ›Wahrheit‹ ein Spezialeffekt.

Das Garn, aus dem all die Geschichten sind, die oft widersprüchlichen Aussagen aus erster und zweiter Hand, hat viele Knoten – überall dort, wo der Faden gerissen ist und schnell wieder geflickt wurde. Man kann sich stattdessen an die Filme halten, ohne aus ihnen selbst so recht zu begreifen, was den Starstatus ausmachte. Und man kann sich auf die Autobiographie ›Ecstasy and me‹ nicht verlassen, weil Hedy Lamarr selbst gegen sie prozessierte, weil sie nicht gesagt haben wollte, was die Ghostwriter nach ihrem Diktat geschrieben hatten. Worauf sich ihre Einwände bezogen, ob sie nur eine verkaufsfördernde Maßnahme waren – wer wollte das ernstlich beantworten? Und was hätte einem die ›richtige‹ Antwort zu sagen? Wenn Hedy Lamarr in dem Buch von Christopher Young, dessen Text weitgehend auf ihren Auskünften beruhen dürfte, Versionen von Ereignissen präsentiert, die ihre eigene Autobiographie zur Erfindung von vorgestern werden lassen, wer wollte da das Dickicht lichten? ›Wenn wir über die Vergangenheit reden, lügen wir mit jedem Atemzug‹, sagt der Erzähler in William Maxwells kleinem Roman ›Also dann bis morgen‹.

Die Zeugen, aus deren Aussagen man ein Mosaik zusammensetzen könnte, leben größtenteils nicht mehr, und jene, die sich noch auftreiben ließen, würden das Garn sich nur ein wenig mehr verknoten lassen. Dokumente jenseits der Filme und Zeitungsausschnitte oder eidesstattliche Erklärungen gibt es nicht, und der Historiker, der sein erlerntes Handwerk schulmäßig anwenden wollte, würde zum unglücklichen Goldwäscher, der so lange aus den Legenden filterte, die er gelesen, gehört oder auf Band hat, bis ihm nur ein paar unscheinbare Körnchen übrig blieben. Zu wenig für ein ganzes Leben. Auch der Arzt und der Psychologe, die die Autobiographie mit jeweils einem Vorwort geadelt haben, sind in diesem besonderen Kontext nur unwesentlich glaubwürdiger als das Gerücht im Internet-Magazin ›Teletype‹, Hedy Lamarr habe ihren vielseitigen Erfinderkollegen George Antheil (s. unten) zunächst nur wegen einer Busenvergrößerung kontaktiert. In einer Stadt wie Hollywood zu behaupten, Erinnerungen seien eigennützig, so hat der amerikanische Journalist Peter Biskind geschrieben, ›hieße erklären wollen, daß die Sonne im Osten auf- und im Westen untergeht‹.

Doch das ist zugleich der Reiz einer solchen Lebensbeschreibung: Von einer fiktiven Figur bisweilen so zu sprechen, als sei sie greifbar und real, und über eine unstrittig existierende Person zu reden, als sei ihr Leben ein nie vollendetes Drehbuch, immer für einen kleinen Rewrite gut. ›Ich erzähle Ihnen, wie es wirklich war und ist‹, heißt es in ›Ekstase und ich‹, und das klingt mittlerweile längst rührend und nicht mehr wie ein Enthüllungsversprechen oder gar eine dreiste Lüge. Wie ehrlich diese geschönte Vita bisweilen ist, erkennt man an Hedy Lamarrs Antwort auf die Frage nach ihren Lieblingsrollen: Einige ihrer Auftritte vor Gericht seien für sie am befriedigensten gewesen. Daran kann man sich halten, und wenn die folgenden Skizzen so viel Glaubwürdigkeit erreichen, dürfen Leser und Autor schon zufrieden sein.

Die Tücken der Erinnerung beginnen, kaum daß die Porträtierte auf die Welt kommt. Hedwig Eva Maria Kiesler wurde am 9. November 1914 in Wien geboren, auch wenn so manche Quelle als Geburtsjahr 1913 angibt und Hedy Lamarr selbst in ›Ekstase und ich‹ den 9. November 1915 nennt. Letztere Angabe steht in den verfügbaren Quellen allein. Der Publizist Richard Brem hat zudem im Wiener Magistrat die Geburtsurkunde einsehen können und dabei ein skurriles Detail zutage gefördert: Der Standesbeamte, der Hedy Kieslers Geburt registrierte, dürfte

Probleme mit den römischen Ziffern gehabt haben: Statt ›XI‹ für November schrieb er ›IX‹, also September. Der Geburtsurkunde ist ein amtlicher Vermerk beigefügt, der diesen Fehler richtigstellt. Die im Wiener Rathaus aufbewahrten Meldezettel belegen zudem die jüdische Herkunft von Hedy Lamarr: Als Religionszugehörigkeit ist ›mos.‹ angegeben. Allerdings dürfte sie kurz vor ihrer ersten Heirat 1933 zum Katholizismus konvertiert sein, wie auch ihr Ehemann Fritz Mandl. Auf dem Trauschein ist als Konfession jeweils ›r.kath.‹ angegeben.

Der Lebensweg einer höheren Tochter schien Hedwig Kiesler vorgezeichnet, mit solider Ausbildung und standesgemäßer Verehelichung. Vater Emil war Bankier bei der Kreditanstalt Bankverein, Mutter Gertrude Hausfrau, die ihre Ambitionen als Pianistin aufgegeben hatte. Doch alles kam anders als geplant. Hedwig, die früh Sprachen-, Ballett- und Klavierunterricht erhielt und als Teenager auf ein Schweizer Pensionat geschickt wurde, verließ mit 17 die Schule, um sich als Schauspielerin zu versuchen. Sie ging nach Berlin und schrieb sich bei Max Reinhardt ein. Eine andere Version will, daß sie, um bei ›Sturm im Wasserglas‹ mitzuwirken, die Schule geschwänzt habe. Die Sascha-Film-Studios in Wien sollen direkt an ihrem Schulweg gelegen haben. Man konnte Hedwig Kiesler in diesen Jahren auch als Sissy auf der Bühne bewundern, und parallel zur ersten Filmarbeit spielte sie darüber hinaus in kleinen Rollen am Theater an der Josefstadt und am Raimund-Theater. ›Sturm im Wasserglas‹ (auch: ›Die Blumenfrau von Lindenau‹) war ihre erste Rolle in einem abendfüllenden Spielfilm nach drei Kurzauftritten, bei denen man sehr genau hinsehen muß, um sie erstens zu erkennen und zweitens nicht zu verpassen. Ihre Autobiographie vermerkt auch hübsche Erinnerungen an Wolf Albach-Retty, Romy Schneiders Vater. Und man findet, was in dieser Art Memoiren früh gesagt sein will: ›Ich war fest entschlossen, ein großer Star zu werden.‹ Natürlich darf, um später die Plot Points nicht zu verpassen, auch das Präludium zu ›Ekstase‹ nicht fehlen. Schon zu Pensionatszeiten soll ein Verehrer, der Ritter Franz von Hochstatten, sich umgebracht haben – weil er Hedwig nicht bekommen konnte, vielleicht auch, weil sie mit seinen Gefühlen gespielt hatte.

Nicht unterschlagen werden sollte auch, daß Max Reinhardt sie damals angeblich als ›schönstes Mädchen Europas‹ bezeichnet hat. Und

dann kam ›Ekstase‹ und mit ihm die Sensation, der lange Schattenwurf in die Zukunft, dem ihre Karriere fortan hinterhereilen sollte. Hedy Lamarr, so sagt sie selbst, will vom Teleobjektiv der Kamera überlistet worden sein, die gut 50 Meter von ihr entfernt postiert war, und Regisseur Gustav Machaty soll mit einer Sicherheitsnadel nachgeholfen haben, um den Ausdruck von Lust und Schmerz auf ihr Gesicht zu zaubern, der die berüchtigte Orgasmus-Szene illuminiert. Der Skandal war geboren, und aus dem schmalzigen Titel ›Symphonie der Liebe‹ wurde ›Ekstase‹, weil das Publikum in Paris bei der Vorführung voller Begeisterung eben jenes Wort ausgerufen haben soll. Der Film lief 1934 auf der Biennale in Venedig, Papst Pius XI. mißbilligte und die Nazis verboten ihn. In den USA wurde er nach heftigen Eingriffen erst 1940 freigegeben.

Doch zunächst heiratete Hedwig Kiesler am 10. August 1933 in der Wiener Karlskirche den Munitionsfabrikanten Fritz Mandl, der ihr lange den Hof gemacht und die Eltern von seinen ernsten Absichten mühelos hatte überzeugen können. Als Besitzer der Hirtenberger Patronenfabrik, eine der vier größten ihrer Art in Europa, verkaufte Mandl an den, der zahlen konnte, mochten davon auch die Bestimmungen des Versailler Vertrages verletzt werden. Sein Gewerbe ließ den zum Katholizismus konvertierten Juden Mandl geschäftlich auch mit den Nazis sympathisieren, und aus diesen Kontakten speisen sich wohl die Gerüchte, Hedy Kiesler habe mit Hitler diniert. Sie hat diese Versionen selbst genährt, wenn sie in ›Ekstase und ich‹ behauptet, Hitler habe ihr die Hand geküßt und Mussolini ihr den Stuhl zurechtgerückt. Ihrem Biographen Christopher Young zufolge ist der Handkuß nie erfolgt. Dafür hat Young als Dinnergäste im Hause Mandl Ödön von Horvath, Franz Werfel und Alma Mahler-Werfel aufzubieten, auch Benito Mussolini, für dessen Äthiopien-Feldzug Mandl einer der wichtigsten Lieferanten war.

Schon glaubwürdiger als die verschiedenen Gästelisten ist dagegen die Behauptung, Mandl habe sämtliche im Umlauf befindlichen Kopien von ›Ekstase‹ zu erwerben versucht, um sie zu vernichten, da er der Welt das Bild seiner nackten Ehefrau nicht gönnte. Mandls manische Eifersucht ließ die Ehe für Hedwig Kiesler zu einer Form der Sicherheitsverwahrung werden, deren Modalitäten sie reichhaltig ausgeschmückt hat. Am markantesten ist die Episode ausgefallen, die Madame Mandl auf der Flucht vor dem Gatten in einen Wiener Guckloch-Club geraten läßt, wo sie in einem Zimmer Unterschlupf findet und für den eintretenden Freier eine ehrbare Dirne mimt. Ganz apart auch der Sprung in die Schneewehe vor dem Palast der Habsburger, als sie mit einem hohen Staatsdiener nicht nur geflirtet haben will. Was von all diesen Zutaten bleibt, sind die Grundrisse einer Ehe im goldenen Käfig, aus dem zu entfliehen Hedwig Kiesler listig und unabhängig genug war. ›Es hat mich gequält, meine Mutter zurückzulassen‹, zitiert Christopher Young sie in seinem Buch, ›ich habe meine Eltern tief verletzt, als ich mein Elternhaus verließ, um zum Theater und zum Film zu gehen. Meinem Vater hat es fast das Herz gebrochen, als ich mich dazu überreden ließ, in ‚Ekstase‘ zu spielen. Und doch mußte ich gehen.‹

Die Geschichten ihrer Eheflucht folgen dann dem Muster, das später die bisweilen haarsträubenden Drehbücher ihrer Filme knüpfen sollten. Bei Nacht und Nebel will sie sich 1937 abgesetzt haben, mit Hilfe eines getreuen Hausmädchens; unter Betäubung des Dienstmädchens, das der Ehemann zu ihrer Überwachung abgestellt hatte, sagt eine zweite Version. Daß sie sogar in der Livree des Mädchens durchs Fenster entwischt sei, gehört zu den Szenen, die selbst in aufgedrehten Ehekomödien oft unter den Schneidetisch fallen. Irgendwie, vielleicht mit dem TEE, gelangte sie auf jeden Fall nach Paris, wo die gute Katholikin mit Zustimmung der Rota die Scheidung erwirkt haben will; es gibt auch die alternative Fassung, daß die Ehe ohne kirchlichen Permiß erst in den USA geschieden wurde, in Nevada, wie es sich gehört. Von Paris setzte sie sich nach London ab, um vor Mandl gänzlich sicher zu sein, und mit Hilfe eines Talentscouts – genauere Angaben fehlen – schaffte sie es, dort den urlaubenden MGM-Mogul Louis B. Mayer zu treffen, der natürlich auch von ›Ekstase‹ gehört hatte und lustvoll empört war. Ihrer eigenen Darstellung nach hat Hedy Kiesler Mayers unverschämt niedrige erste Offerte für einen MGM-Vertrag einen Tag vor der geplanten Abreise zurückgewiesen, um dann während der Überfahrt für sich und einen jungen Violinisten namens Grischa Goluboff dazu akzeptable Kontrakte auszuhandeln.

Obwohl der US-Zoll ›Ekstase‹ 1935 unter Einfuhrverbot gestellt hatte, war der Name Hedwig Kiesler bekannt. Ein amtliches Komitee, darunter die Gattin des damaligen Finanzministers Morgenthau, besichtigte im Herbst 1934 eine Kopie und war zumal von der Orgasmus-Szene schockiert. Der Verleiher lehnte es ab, die Szene zu eliminieren, und die Kopie wurde angeblich verbrannt. Beim zweiten Einfuhrversuch befand dann ein Gericht in New York, der Film sei ›unanständig und geeignet, die Moral zu verderben‹. Gleichwohl konnte ›Ekstase‹ in Boston, Washington und Los Angeles kurzfristig gezeigt werden. Weil der Name Kiesler künftig einer anstößigen Vergangenheit angehören und ein neuer Namen zugleich ein Versprechen sein sollte, nannte Mayer sie nach der Frau, ›who was too beautiful‹, nach Barbara La Marr, dem 1926 im Alter von 30 Jahren verstorbenen Stummfilmstar. Eine bürokratischere Version besagt, MGM-Publizist Howard Strickling habe Hedy Kiesler eine Liste mit Nachnamen gegeben und sie ihre Wahl getroffen.

Sicher ist zumindest, daß sie am 30. September 1937 an Bord der ›Normandie‹ in New York eintraf, denn die ›New York Times‹ vermeldete es am 1. Oktober 1937 in einem kleinen Artikel unter der Headline ›Actors And Singers Here On Normandie‹. In Hollywood teilte sie mit Ilona Massey, einer weiteren MGM-Neuerwerbung, die Wohnung. Das Studio meldete sie

zum Sprach- und Schauspielunterricht an, reichte sie auf Partys herum, und auf einer dieser Abendeinladungen lernte sie Charles Boyer kennen, der so hingerissen von ihr war, daß er den Produzenten Walter Wanger dazu bewegte, Mayer um einen Loanout, eine Ausleihe für ›Algiers‹ anzugehen. Der Turban, den sie im Film trug, avancierte zum modischen Trend, und nach den eindrucksvollen Rezensionen für ›Algiers‹ suchte man bei MGM fieberhaft nach einer Folgerolle, die dem ersten Aufwind Kontinuität verleihen könnte. ›Und ich sollte ein großer Star werden, der größte fast 15 Jahre lang‹, heißt es in der Autobiographie.

Dem Star im Roh- und Wartezustand begegnete bald auch Ehemann Nummer zwei, der Autor und vormalige Ehemann von Joan Bennett, Gene Markey, den sie am 5. März 1939 eher aus einer Laune heraus, so klingt es in ihren Erinnerungen, in Mexicali als Höhepunkt eines Ausflugs heiratete, um 1940 wieder geschieden zu werden. Um die schnell ins Schlingern geratene Ehe zu retten, adoptierte man ein Kind, James Lamarr Markey. Es kam auch zu ersten Spannungen mit MGM, als Hedy Lamarr auf der Bühne als Salome erscheinen wollte. Die Kurve ihrer Karriere blieb derweil eher flach, denn ›Lady Of The Tropics‹ ging weitgehend unter, und das nächste Projekt, ›I Take This Woman‹ mit Spencer Tracy, firmierte schnell unter dem Titel ›I Re-Take This Woman‹, nachdem Josef von Sternberg und Frank Borzage als Regisseure verschlissen wurden und die Produktion zwischenzeitlich auf Eis lag. Man tauschte bis auf Tracy und Lamarr das Gros der Akteure aus, ohne durchschlagenden Erfolg. Der große Durchbruch auf der Leinwand ließ weiter auf sich warten.

Bette Davis war es dann, die Hedy Lamarr 1942 zum Dienst in die ›Hollywood Canteen‹ holte, wo die Hollywood-Stars den Soldaten aufwarteten, mit ihnen tanzten, in der Küche Brote schmierten, abwuschen und so ihre patriotische Pflicht leisteten – lauter tellerwaschende Millionäre. ›Dies Land war meine Wahlheimat, und es war gut zu mir gewesen‹, sagte Miss Lamarr und servierte Donuts. In der ›Canteen‹ lernte sie dann am Heiligabend 1942 John Loder kennen, der abtrocknete, und dafür gab sie George Montgomery den Laufpaß, mit dem sie nach der Scheidung von Markey zwischenzeitlich angebandelt und mit dem sie sogar schon fürs Verlobungsfoto posiert hatte. Neben diesen publicityträchtigen Aktivitäten arbeitete Hedy Lamarr in den Jahren zwischen 1940 und 1945 auch häufig im Radio. Sie trat in Shows auf und wirkte an Radioversionen großer Filmerfolge mit, wie sie damals Usus waren. Auf diesem Wege kam sie auch neben Loder und Alan Ladd zu einem Auftritt in ›Casablanca‹ und wiederholte ihre Rollen aus ›Algiers‹ und ›H. M. Pulham, Esq.‹ vor dem Mikrofon.

Sie heiratete den Schauspieler Loder am 27. Mai 1943. Die Ehe wurde 1947 wieder geschieden. Zu groß war der Altersunterschied (17 Jahre), weder die Geburt von Denise Hedwig Loder im Jahre 1945 noch von Anthony John Loder im März 1947 konnten die Entfremdung mindern. Die Baby-Pause war Hedy Lamarrs ohnehin stagnierender Karriere nicht gerade dienlich. Trotz Titelfotos in Magazinen, trotz Werbeengagements und der unermüdlichen Publicity blieb der Appeal ihrer Filme geringer, als es sich das Studio erhofft hatte. Die Zusage an Arnold Pressburger, den sie noch aus ihrer Zeit bei Sascha-Film in Wien kannte, in ›Last Year's Snow‹ mitzuwirken, mußte sie zurückziehen, als sie während der Dreharbeiten zu ›Her Highness And The Bellboy‹ von ihrer Schwangerschaft erfuhr. Zwischenzeitlich verliebte sie sich laut Autobiographie in ihre beiden ersten Psychiater, ganz wie es sich gehört: ›Auf diese Weise entdeckte ich mich selbst, während ich auf der Leinwand Ehekomödien und im wirklichen Leben Ehetragödien spielte.‹

Mit ›Her Highness‹ lief dann ihr Vertrag mit MGM aus, den auch sie selbst nicht mehr verlängern wollte. Hedy Lamarr beschloß, mit Hunt Stromberg und Jack Chertok ihre eigenen Filme zu produzieren, und folgte damit einem Trend, der sich damals unter Hollywoods Stars auszubreiten begann. Der Auftakterfolg von ›Strange Woman‹ verdankte sie wohl auch den drastischen Promotion-Versuchen. Mochte auch die Verführungsszene vor der Kamera nicht recht gelingen – ›Ich war einfach keine Tigerin‹ –, die Kampagne plazierte freizügige Fotos von Hedy Lamarr in Reizwäsche auf sechs Meter großen Plakatwänden an den Freeways. Es soll zu einem Auffahrunfall mit sieben Fahrzeugen gekommen sein, berichtet sie in ihrer Autobiographie. Diesen Erfolg konnte sie mit ›Dishonored Lady‹ nicht wiederholen, für den sie mit all ihren Überredungskünsten und Reizen auch John Loder verpflichtet hatte. Der Stand der Dinge in ihrer Ehe spiegelte sich im Zusammenspiel mit Loder. Nach dem Film wurde die Firma aufgelöst, die Ehe desgleichen.

Ein weiteres Jahr Pause von der Leinwand schloß sich an. Untätig in Liebesdingen war sie deshalb nicht. Es gab eine kurze Liasion mit Mark Stevens, einem Vertragsschauspieler bei der Fox, und mit einem Geschäftsmann namens Herbert Klotz kam es immerhin zu einer Verlobung. Hedy Klotz blieb uns gottlob erspart. Hedy Wilder, das hätte besser geklungen. Eine neue Biographie (Ed Sikov: On Sunset Boulevard. The Life and Times of Billy Wilder, Hyperion Books, 1998) behauptet, die beiden österreichischen Emigranten hätten 1948 eine heftige Affäre gehabt. Als Beleg dienen Gerüchte – und ein Foto, das den Regisseur und die Schauspielerin an einem Filmset zeigt. Wer weiß, was aus einer längeren Liaison geworden wäre? Man müßte vielleicht einen Astrologen fragen.

Das Trudeln ihrer Filmkarriere brachte Hedy Lamarr auch dazu, einen Broadway-Auftritt in der Komödie ›A Legend Of Good Women‹ zu erwägen. Wie so viele Projekte, mit denen man sie oder sie sich in Verbindung brachte, schlug auch dieses fehl. Erst als Cecil B. DeMille kam und ihr den Part der Delilah anbieten ließ, schien ihre Karriere noch einmal an eine Weggabelung zu gelangen. ›Muskeln und Titten mit einer Zuckerglasur aus Religion. Das paßt für Sie‹, zitiert sie in ›Ekstase und ich‹ die Empfehlung eines wohlmeinenden Agenten.

Über die Zusammenarbeit mit DeMille gehen die Angaben auseinander, wenngleich am Paternalismus des Monumentalfilmers kaum Zweifel bestehen. Die Revitalisierung der Karriere war jedoch zum Greifen nah. Louis B. Mayer, selbst in der Dämmerung seiner Regentschaft angelangt, wollte sie noch einmal zu MGM locken, weil er sich davon etwas versprach. Für eine Gage von 90 000 Dollar ließ Hedy Lamarr sich zu ›A Lady Without A Passport‹ überreden und kehrte nach fünf Jahren zurück auf das MGM-Gelände in Culver City. Eine Mitwirkung in ›Father Of The Bride‹ hatte sie zuvor abgelehnt, weil sie nach ihren früheren Erfahrungen nicht noch einmal mit Spencer Tracy zusammenarbeiten wollte. ›Ich würde eine fabelhafte Garderobe tragen‹, sagte sie weise. Doch weder ›A Lady Without A Passport‹ noch ›Copper Canyon‹ – ›alle waren fehlbesetzt‹ – brachten ihr das ersehnte Comeback.

Hedy Lamarr beschloß nach eigener Auskunft, sich künftig Zeit zu lassen und gründlicher sowohl einen guten Ehemann wie auch gute Rollen zu suchen; zugleich begann sie, eine gewisse Müdigkeit an sich wahrzunehmen: ›Meine Ambitionen waren so stark wie eh und je, aber die Kraft, sie durchzusetzen, war nicht mehr da.‹ Die mäßigen Erfolge vertieften nur ihre Ermüdung, und auf Männersuche wurde sie zwar fündig, aber nicht glücklich. Ehemann Nummer vier erschien in Acapulco im Urlaub. Am 12. Juni 1951 heiratete sie den Nachtclubbesitzer und ehemaligen Bandleader Teddy Stauffer. ›Ich war Teddys goldene Gans‹, resümierte sie die Zeit in Acapulco. Nach einem Jahr war es wieder vorbei. Und mochte sie auch Harry Cohn, der verrufene Columbia-Häuptling, noch so krude umwerben und ihr dazu einen weiteren Neuanfang auf der Leinwand versprechen, die Frischgeschiedene hatte erst einmal die Nase voll. Das erfreulichste Ereignis in jener Zeit war ihre Einbürgerung: Am 10. April 1953 wurde sie amerikanische Staatsbürgerin.

Noch einmal versuchte sie dann, im Produktionsgeschäft Fuß zu fassen, in Europa. Für ›L'Amante di Paride‹ versicherte sie sich der finanziellen Unterstützung des texanischen Ölunternehmers W. Howard Lee. Lamarr und die anderen Investoren verloren bei dem Projekt, das in Italien realisiert wurde, jedoch alle viel Geld. In Europa wurde der Film sporadisch verliehen, in den USA wanderte er direkt ins Fernsehen, ohne sonderliche Aufmerksamkeit zu erregen. Auch der Flop der fünften Ehe ließ nur unwesentlich länger auf sich warten. Am 22. Dezember 1953 heiratete sie besagten W. Howard Lee. Sie haßte Houston, wohin sie ihrem Gatten folgte, und verstand sich nicht mit dessen Familie. Da half auch keine eigens für 300 000 Dollar erbaute ›Villa Lamarr‹ in Aspen, Colorado. Vier Jahre lang stand sie nicht vor der Kamera. ›The Story of Mankind‹, in dem sie sich als Jeanne d'Arc versuchte, war dann alles andere als ein Vehikel, um die völlig versandete Karriere noch einmal flott zu machen, und ›The Female Animal‹ bildete kaum mehr als ein kurzes Farewell. Fast schon spektakulärer klingt da der Verlust von Juwelen im Werte von 50 000 Dollar, den sie 1954 der Polizei meldete, um sie kurze Zeit später in ihrem Haus wiederzufinden. Der Verdacht auf Versicherungsbetrug machte die Runde. Ihre schwierige Ehe mit Lee war bald kaputt, doch erst 1958 trennte man sich, und im April 1960 wurde die Scheidung amtlich. ›Das dunkelste Kapitel meines Lebens‹, schreibt sie. Für den Scheidungstermin schickte sie sogar ihr Double Sylvia Hollis vor Gericht, so krank und ermüdet fühlte sie sich. Von den 500 000 Dollar, zu deren Zahlung das Gericht Lee verpflichtete, will sie nie auch nur einen Cent gesehen haben.

Und der Abstieg ging weiter. Vom Silver Screen war sie 1957 schon für ein Gastspiel ins Fernsehen übergesiedelt. In der Western-Serie ›Zane Grey Theatre‹ spielte sie ohne viel Fortune in der Episode ›Proud Woman‹ eine tapfere Tochter, die den Betrieb auf der Ranch weiterführt, nachdem ihr Vater dazu nicht mehr in der Lage ist. Doch auch auf dem Kleinbildschirm tat sie sich nicht leichter. 1963 sollte sie bei CBS in einem Special erscheinen, das den Titel ›The Man Who Bought Paradise‹ trug und für das neben Angie Dickinson und Robert Horton auch Buster Keaton vorgesehen war. Ob es am Geld oder an den Credits lag, der Deal platzte jedenfalls in letzter Minute. Dolores Del Rio sprang für sie ein. In den sechziger Jahren war sie verschiedentlich zu Gast in größeren Shows, etwa denen von Dick Cavett, David Frost oder Merv Griffin.

Weniger zögerlich erwies sich Hedy Lamarr, was Ehemann Nummer sechs anging. Lewis J. Boies hatte sie in der Scheidungssache Lee vertreten. Er arbeitete für die Kanzlei des berühmtesten aller Hollywood-Anwälte, Jerry Geisler, der schon Robert Mitchum bei dessen Anklage wegen Marihuana-Besitzes und -Konsums vor Schlimmerem bewahrt hatte. Boies machte ihr den Hof, und die Gebeutelte willigte ein: ›Ich war wirklich ein Veteran vieler Kriege und verdiente das Verwundetenabzeichen.‹ Am 4. März 1963 heiratete sie Boies in Fresno und damit zum ersten Mal einen jüngeren Mann. Doch die Ehe hielt nur zwei Jahre. Im Juni 1965 erfolgte die Scheidung. Der sechste Gatte kam sie teuer; Hedy Lamarr will wertvolle Stücke aus ihrer Gemäldesammlung für ihn verkauft haben, er soll sie mehrfach bedroht und geschlagen haben. Nach der Scheidung war sie von Gläubigern umstellt, der Steuerberater forderte seine Honorare, und ein Einbruch in ihr Haus sorgte für weitere Erschütterung.

Das Geld, die 30 Millionen Dollar, die sie im Laufe der Jahre verdient hatte, war aufgebraucht, und Hedy Lamarr schildert ihre Armut Mitte der sechziger Jahre mit starkem melodramatischen Akzent. 1966 veröffentlichte sie dann ihre Autobiographie ›Ecstasy and Me‹. Später behauptete sie, was die Ghostwriter Leo Guild und Sy Rice aus ihren Erzählungen gemacht hätten, sei nicht abgesprochen gewesen, darüber hinaus ›erdichtet, falsch, vulgär, skandalös, verleumderisch und obszön‹. Sie verklagte den Verlag auf Schadenersatz in Höhe von 21 Millionen Dollar. Doch davor und der Promotion des Buches sicher nicht abträglich, lag der Ladendiebstahl, der sie noch einmal auf eine Titelseite brachte, diesmal der ›Los Angeles Times‹. Am 28. Januar 1966 wurde sie festgehalten und beschuldigt, Kosmetika und Kleidung im Wert von 86 Dollar in ›The May Company Department Store‹ entwendet zu haben. Sie habe lediglich ihren Business-Manager holen wollen, damit er die fraglichen Artikel bezahle, deshalb habe sie kurz den Laden verlassen und sei zum Parkplatz gegangen, gab Hedy Lamarr zu Protokoll. Man setzte sie für fünf Stunden in Untersuchungshaft fest, bis die Kaution gestellt war. Zum Zeitpunkt der Verhaftung hatte sie 13 Dollar in Cash und zwei Schecks über insgesamt 14 000 Dollar bei sich.

Hedy Lamarr erklärte den Vorfall für ein Mißverständnis. Nichtsdestoweniger lud man sie unter dem Namen Hedy Boies für den 2. Februar vor. Ihre Kinder, von eifrigen Reportern einvernommen, verteidigten sie nach Kräften. Tochter Denise wurde mit den Worten zitiert: ›Die letzten zehn Jahre waren für meine Mutter eine einzige finanzielle und emotionale Belastung. Sie müssen wissen, während des Zweiten Weltkriegs hat meine Mutter an einem Tag Kriegsanleihen im Wert von mehr als sieben Millionen Dollar verkauft.‹ Während des von den Medien ausgiebig begleiteten Prozesses gab die Angeklagte Einblick in ihre gesundheitlichen und finanziellen Probleme. Die vom Auftritt des gefallenen Stars sichtlich beeindruckte Jury erklärte sie mit 10 gegen 2 Stimmen für ›not guilty‹. Ihr reichte das nicht. Sie nahm sich einen Anwalt und wollte ›The May Company‹ auf zwei Millionen Dollar Schadenersatz verklagen. Um sich ganz auf den Rechtsstreit konzentrieren zu können, schlug sie auch einen Comebackpart neben Don Ameche in ›Picture Mommy Dead‹ aus. Zsa Zsa Gabor trat an ihre Stelle. Als eine Kolumnistin Hedy Lamarr später freundlich nahelegte, die Klage gegen ›The May Company‹ doch fallen zu lassen, entgegnete sie verbissen: ›Oh nein, man hat mich entlassen, aber ich habe sie nicht entlassen. Es ist eine emotionale Sache. Ich kann noch immer kein Geschäft betreten, ohne zu zittern.‹

Nach diesem traurigen letzten Auftritt sollte sie Los Angeles bald den Rücken kehren und nach New York ziehen. Die Ankündigungen eines Comeback wurden immer seltener, und es schien, daß sie selbst begriffen hatte, daß es keine Rolle geben würde, die ihr zumindest noch eine Erinnerung an ihre frühere Karriere bescheren könnte. Was über sie künftig noch zu lesen war, hatte mit dem Filmbusiness nur noch mittelbar zu tun. 1971 hatte sie wegen einer Vergewaltigung Klage erhoben und mußte anschließend 15 000 Dollar Strafe wegen falscher Anschuldigung zahlen. Und als Mel Brooks 1973 in seiner Westernparodie ›Blazing Saddles‹ (›Is' was Sheriff?‹) eine Figur namens Hedley Lamar erscheinen ließ, nahm sie sich erneut einen Anwalt. Viel kam bei all dem nicht heraus, und rückblickend klingen diese Aktivitäten wie die letzten verzweifelten Seufzer vor dem endgültigen Verstummen. Hedy Lamarr war unterdes zur mehrfachen Großmutter geworden, hatte zu malen begonnen, und kleinere Galerien in den USA hatten ihre

Bilder ausgestellt. Für weitere Schlagzeilen reichte es nicht mehr, auch daß sie sich aus New York nach Florida zurückzog, war keine Meldung mehr wert.

Für Medienpräsenz jenseits der Ausstrahlung alter Filme sorgte sie erst wieder mit der Wiederholung eines der dunkelsten Momente ihres Lebens. 1991 wurde sie erneut des Ladendiebstahls bezichtigt. Da war es nicht mehr der May Store mit seinem goldenen, zylinderförmigen Vorsprung an jenem Stück des Wilshire Boulevards, das seinen Namen ›Miracle Mile‹ damals noch zu Recht trug, sondern ein Eckerd Drug Store in Florida, wo sie Make-up-Artikel eingesackt haben sollte. Die Klage des Geschäfts wurde zurückgezogen, als sich die Firma mit einer Welle negativer Publicity konfrontiert sah. Desweiteren soll Hedy Lamarr in einem New Yorker Nachtclub aufgetreten sein und selbstgeschriebene Songs vorgetragen haben. Die Auftritte wurden in der Presse nicht angekündigt. Auch das muß jedoch schon eine Weile her sein. Eine Augenoperation, verrät eine Quelle im Internet, soll sie von den dicken Brillengläsern befreit haben, die sie jahrelang tragen mußte.

Dann, 1997, tauchte sie in einem völlig unerwarteten Kontext wieder auf. Sie erhielt den ›Pioneer Award‹ der ›Electronic Frontier Foundation‹ für eine Erfindung im Bereich drahtloser Datenübertragungstechnologien. Da war sie wieder ein Cover Girl, auch wenn die Zeitschrift dieses Mal nicht ›Life‹, ›Photoplay‹ oder ›Look‹ hieß, sondern ›American Heritage of Invention & Technology‹ und unter einem alten Foto die Headline ›Hedy Lamarr Munitions Inventor‹ stand. So eindeutig war sie da gegen ihren Typ besetzt, daß man die Meldung ihrerseits für eine geniale Erfindung halten mußte. Mit keiner Facette ihres alten Images ließ sich das zusammenbringen, man konnte lediglich rätseln, warum sie selbst nicht davon erzählt und den Namen ihres Miterfinders, George Antheil, nicht einmal beiläufig in ihrem Buch erwähnt hatte. Weil die Erfindung ›top secret‹ war? Weil die Verbindung von Spitzentechnologie und Hollywood-Diva fast so absurd klang wie die Drehbuchidee, derzufolge sie den falschen Agenten Bob Hope in ›My Favorite Spy‹ heiraten und mit ihm einen Kurzwarenladen in New Jersey betreiben mußte? Wohl eher, weil dieser Drehbucheinfall damals als mißglückt galt, den Erzählfluß blockiert, das Image verändert hätte. Oder war schlicht und einfach die Publicity-Abteilung überfor-

dert, die Erfindung als zusätzliches Teil in einen ihrer Starschnitte einzupassen?

Was sich heute aus den verschiedenen Berichten rekonstruieren läßt, ist Prosa für Fachleute, mit einigen Plot Points aufgemöbelt. Als Gattin eines Munitionsfabrikanten hatte Hedy Lamarr hinreichend Gelegenheit gehabt, Fachsimpeleien bei Tisch zu lauschen oder mit ihrem Mann Filme über Versuche mit Torpedosystemen anzusehen. Auf einer der zahllosen Partys in Hollywood lernte sie 1940 oder 1941 den amerikanischen Avantgardemusiker George Antheil kennen, der in Hollywood als Filmkomponist angeheuert hatte und als Komponist eines ›Ballet Mécanique‹ für 16 Pianos hervorgetreten war. Antheil muß vom Fachwissen seiner neuen Bekannten so beeindruckt gewesen sein, daß man sich auf dem Wohnzimmerteppich ihres Hauses zusammenhockte und experimentierte. Ziel war die Konzeption eines Geräts zur störungs- und abhörsicheren Funkfernsteuerung von Torpedos. Um den Gegner zu verwirren und eine Dechiffrierung zu verhindern, sollte das Funksignal nicht auf einer einzigen Frequenz übermittelt werden, sondern auf einer willkürlichen Folge unterschiedlicher Frequenzen. Die zu lösende technische Aufgabe bestand darin, die Signalsequenz bei Sender und Empfänger zu synchronisieren. Der Musiker Antheil griff dabei auf das Funktionsprinzip des automatischen Klaviers zurück, das durch eine Art Lochstreifen gesteuert wird. Daraus resultiert auch der Entwurf für 88 Frequenzen, denn aus 88 Tasten besteht die Klaviatur.

Beider Überlegungen wurden von einem technischen Zeichner illustriert und in Kooperation mit einem MIT-Ingenieur noch weiter ausgearbeitet. Am 10. Juni 1941 wurde der Entwurf unter der Bezeichnung ›Secret Communication System‹ beim amerikanischen Patentamt eingereicht. Hedy Lamarr, so wird kolportiert, soll damals den Wunsch geäußert haben, für den ›National Inventions Council‹ auch weiterhin zu arbeiten. Man riet ihr davon ab; ihre patriotischen Gefühle seien auf der Leinwand besser aufgehoben. Das Patent wurde dann am 11. August 1942 erteilt, es trug die Nummer 2,292,387, war unterzeichnet mit ›Hedy Kiesler Markey‹ – und verschwand in den Schubladen, nachdem die beiden Erfinder es dem Militär zur Nutzung überlassen hatten. Immerhin hatte der Chefingenieur des ›National Inventions Council‹ die Erfindung als ›red hot‹ bezeichnet.

Obwohl die ›New York Times‹ bereits am 1. Oktober 1941 in einer kurzen Meldung auf Hedy Lamarrs ungewöhnliche Rolle hingewiesen hatte (›Hedy Lamarr Inventor‹), ohne Details publizieren zu dürfen, wußte man die irritierenden Signale an der Westküste nicht zu entziffern. Die amerikanische Armeezeitschrift ›Stars & Stripes‹ gehörte dort vermutlich nicht zur bevorzugten Lektüre. In einem Interview in der Ausgabe vom 19. November 1945 sollte Hedy Lamarr dort die Genese der Erfindung und ihre Motivation beschreiben: ›Die britischen Piloten befanden sich über feindlichem Gebiet, sobald sie den Ärmelkanal überquert hatten, während sich die deutschen Flieger auf ihrem Weg nach England hauptsächlich über von ihnen besetzten Gebieten befanden. Beim Nachdenken darüber, wie man dieses Ungleichgewicht ausgleichen könnte, kam mir die Idee zu meiner Erfindung. Ein ferngesteuertes Torpedo, dachte ich mir, könnte dazu beitragen.‹ Auch die Ingenieure und Militärs griffen vorerst nicht auf die Erfindung zurück, weil die Möglichkeiten zur technischen Implementierung fehlten. Erst 1962 wurden die Überlegungen während der Kuba-Krise umgesetzt. Unter den Termini ›frequency hopping‹ und ›spread spectrum‹ avancierten sie zu einer Grundlage der Kommunikationstechnologie. Die damit Befaßten wußten nichts von der Erfinderin, da das Patent der Regierung gehörte und diese keinen Grund hatte, die Urheber zu enthüllen. 1962 war das Patent im übrigen bereits seit drei Jahren ausgelaufen und George Antheil nicht mehr am Leben. Die beiden Erfinder hatten keinen Dollar an ihrer Idee verdient. Erst recht nicht an der zivilen Nutzung, die Anfang der achtziger Jahre einsetzte und eine Schubwirkung erhielt durch den Vormarsch der Computertechnologie und den damit verbundenen Leistungszuwachs der Mikrochips. Für Mobiltelefone beispielsweise ist die weiterentwickelte Idee zentral, weil sie die schnelle und störungssichere Datenübermittlung erlaubt und zudem die Nutzung von Frequenzbereichen durch eine große Zahl von Teilnehmern. Und weil auch solch nüchterne Bilanz einer technischen Erfindung eine Pointe braucht, sei nachgetragen, daß Lamarrs Sohn Anthony in Los Angeles einen Laden für Mobiltelefone betreibt.

Seine Mutter nahm den Preis 1997 in San Francisco zwar nicht persönlich entgegen, doch ihr Sohn spielte bei der Preisvergabe ein von ihr

besprochenes Tonband vor – die erste öffentliche ›Rede‹ in zwei Jahrzehnten.

Der Preis beflügelte auch die Medien. Die Internet-Gazette ›Microtimes‹ titelte ›The Birth of Spread Spectrum: How ‚The Bad Boy Of Music‘ and ‚The Most Beautiful Girl In The World‘ Catalyzed A Wireless Revolution‹, ›People Magazine‹ wartete mit der Headline ›All That And Brains Too‹ auf, die ›Chicago Tribune‹ mit ›Brainy Beauty‹. Hedy Lamarr gab ihr erstes Interview nach mehr als 20 Jahren, das die Nachrichtenagentur Associated Press zu einem längeren Feature verarbeitete. Es begann mit den Worten: ›Das nächste Mal, wenn sie ein Mobiltelefon zur Hand nehmen, dann denken sie kurz an die unwahrscheinliche Frau, die vor 55 Jahren als erste ein Patent für die Basistechnologie einreichte.‹ Auf das Zitat eines Ingenieurs, die Erfindung sei ihrer Zeit Jahre voraus gewesen, antwortete Lamarr lakonisch: ›I always am.‹ Und die Nachricht von der Zuerkennung des Preises kommentierte sie lediglich mit den Worten: ›It's about time.‹

Im April 1998 bemühte Hedy Lamarr dann einmal wieder die Justiz. Der kanadische Software-Konzern Corel hatte sein neuestes Zeichenprogramm ›Corel Draw 8‹ mit einem computergenerierten Porträt von Hedy Lamarr verziert und Ende 1997 auf den Markt gebracht. Lamarr untersagte laut einer Meldung der Associated Press vom 7. April 1998 die Verwendung ihres Konterfeis und verklagte den Konzern auf 250 000 Dollar Schadenersatz. In der Klagebegründung hieß es: ›Der Seelenfrieden der Klägerin wurde gestört, sie wurde erniedrigt und beleidigt, ihre Privatsphäre wurde verletzt.‹ Der Konzern erhob natürlich Einspruch. Am Ende schloß man einen Vergleich.

Dafür begann man sich endlich auch in Hedy Lamarrs Heimatland Österreich mit großer Verspätung ihrer zu erinnern. Der Wissenschaftler Dr. Peter Paul Sint von der Österreichischen Akademie der Wissenschaften schlug Hedy Lamarr für die ›Viktor-Kaplan-Medaille‹ vor, die alljährlich vom Österreichischen Patentinhaber- und Erfinderverband vergeben wird. Die Medaille gilt als die höchste Auszeichnung, die einem Erfinder in Österreich zuteil werden kann. Wie Sint in seiner Begründung ausführte, habe Hedy Lamarr mit ihrer Erfindung ›wesentliche Elemente der digitalen Logik‹ um Jahrzehnte vorweggenommen. Sints Vorschlag wurde stattgegeben, und am 16. Oktober 1998 nahm

Hedy Lamarrs Sohn Anthony den Preis im Schloß Esterhazy in Eisenstadt für seine Mutter entgegen.

Schon im September 1998 hatte sich die ›Ars Electronica‹ in Linz der Schauspielerin angenommen. Das Festival für Kunst, Technologie und Gesellschaft präsentierte die Rauminstallation ›Hommage à Hedy Lamarr‹. Im Mittelpunkt steht ein fünfzackiger Stern, der aus Holz gefertigt, mit Schaumstoff gepolstert und mit einem Dekorstoff bezogen ist. Stern und Dekorstoff sind in Silbergrau gehalten. An der Decke über dem Stern ist ein Flachbildschirm montiert, auf dem nonstop ein Zusammenschnitt von Filmmaterial läuft. Zusammengestellt haben es Richard Brem und der Wiener Filmemacher Theo Ligthart, der zu diesem Zweck sechs filmische Tracks produzierte, die jeweils einen Aspekt von Hedy Lamarrs filmischem Werk bzw. ihrer Lebensgeschichte behandeln. Dazu hört man einen Soundtrack, für den der Wiener Elektronik-Musiker Curd Duca Material aus Hedy-Lamarr-Filmmusiken und George Antheils ›Ballet Mécanique‹ bearbeitet hat. All diese Informationen wiederum verdanken sich einer sorgfältig edierten und graphisch ansprechenden österreichischen Website (http://www.hedylamarr.at), der im übrigen einzigen nicht-amerikanischen Internet-Adresse zu Hedy Lamarr. Sie wurde aus Anlaß der Verleihung der ›Kaplan-Medaille‹ und Hedy Lamarrs bevorstehenden 85. Geburtstags mit Mitteln der Kunstsektion im Bundeskanzleramt eingerichtet. Doch so sehr man der dortigen Aussage zustimmen möchte, Hedy Lamarr sei in den USA eine ›lebende Legende‹, sie entspringt wohl eher einem begreiflichen Wunschdenken, das in der Einrichtung der Homepage seinen nachhaltigen Ausdruck gefunden hat.

Allein in den virtuellen Räumen scheint Hedy Lamarr also eine bescheidene Ewigkeit reserviert: Bilder, Texte, Spekulationen, Hedy-Hyperlinks. Wenn man den Himmel der Helden betrachtet, in den sie dort eingetreten ist, dann könnte man glauben, daß das Pantheon von Hollywood aussieht wie der Cyberspace: Freeze Frames, stumme Bilder, endlose Wortkaskaden und Datenmengen. Doch: ›Wieviel weniger Realität hat denn der Cyberspace als die ursprüngliche Idee vom Himmel?‹, hat einmal der amerikanische Schriftsteller Don DeLillo mit Recht gefragt. Und die Sirene schweigt weiter.

FILMOGRAPHIE UND LITERATURHINWEISE

GELD AUF DER STRASSE
Österreich 1930
Regie: Georg Jacoby – Produktion: Nicolas Deutsch – Drehbuch: Rudolf Österreicher Kamera: Nicolaus Farkas – Musik: Stefan Weiß – Darsteller: Rosa Albach-Retty, Georg Alexander, Ernst Arnold, Lydia Pollmann, Leopold Kramer, Hans Moser, Franz Schafheitlin – Länge: 78 Min.

Eine Bankierstochter (Pollmann) löst am Tage der geplanten Hochzeit die Verlobung und lernt einen smarten Lebenskünstler (Alexander) kennen, der der Philosophie anhängt, das Geld liege auf der Straße, man brauche es nur aufzuheben. Das Paar verliebt sich und brennt durch. Hedy Kiesler spielt ein junges Mädchen im schwarzen Abendkleid, das in einer Nachtclub-Szene mit dem Hauptdarsteller Georg Alexander an einem Tisch sitzt.

MAN BRAUCHT KEIN GELD
Deutschland 1931
Regie: Carl Boese – Produktion: Allianz – Drehbuch: Karl Noti, Hans Wilhelm, nach einem Theaterstück von Ferdinand Altenkirch – Kamera: Willy Goldberger – Musik: Artur Guttmann – Darsteller: Paul Florath, Kurt Gerron, Paul Henckels, Hans Junkermann, Hans Moser, Heinz Rühmann, Ida Wüst – Länge: 96 Min.

In diesem Lustspiel um Geldgier und Eitelkeit aus der Depressionszeit rettet ein Bankangesteller einen Kunden, der sich verspekuliert hat, indem er behauptet, der Onkel des Verschuldeten sei ein Dollarmillionär, was das Remake von 1953, ›Der Onkel aus Amerika‹, noch einmal auf den Punkt bringt. Hedy Kieslers Figur, die nur einen winzigen Auftritt hat, trägt den Namen Käthe Brandt.

DIE KOFFER DES HERRN O.F.
Deutschland 1931
Regie: Alexander Granowskij – Produktion: Ernst Nölle – Drehbuch: Leo Lania, Granowskij, nach einem Sujet von Hans Hömberg – Kamera: Reimar Kuntze, Heinrich Balasch – Musik: Karol Rathaus – Darsteller: Alfred Abel, Peter Lorre, Harald Paulsen, Margo Lion, Aribert Mog Länge: 80 Min.

Eine deutsche Kleinstadtidylle wird aufgestört, als einige elegante Koffer aus Kairo eintreffen, die die Initialen O.F. tragen. Zugleich läßt der Eigentümer der Koffer per Telegramm eine Zimmerflucht im einzigen Hotel am Ort reservieren. Der Reporter der lokalen Zeitung (Lorre) setzt das Gerücht in die Welt, O.F. sei ein Multimillionär. Fieberhafte Vorbereitungen setzen ein, man errichtet ein Opernhaus und ein Kasino. Der plötzliche ökonomische Boom der kleinen Stadt führt dazu, daß man dort einen Wirtschaftsgipfel einberufen will. Der Reporter versucht das Treiben zu beenden, indem er bekanntgibt, Herr O.F., der nur seine Erfindung ist, sei bei einem Unfall ums Leben gekommen. Niemand nimmt Notiz davon. Derweil feuert an einem anderen Schauplatz der Agent der Schauspielerin Ola Fallon seine Sekretärin, die aus Versehen die Koffer des Stars in die kleine Stadt hat expedieren lassen. Hedy Kiesler spielt in einer kleinen Nebenrolle Helene, eine Bewohnerin des Städtchens. Der Film wurde von den Nationalsozialisten drastisch umgeschnitten, um die Beteiligung jüdischer Akteure vor und hinter der Kamera zu unterschlagen, und unter dem Titel ›Bauen und heiraten‹ neu herausgebracht.

DIE BLUMENFRAU VON LINDENAU / STURM IM WASSERGLAS / VIEL LÄRM UM TONI
Österreich 1931
Regie: Georg Jacoby – Produktion: Sascha – Drehbuch: Walter Wassermann, Walter Schlee, Felix Salten, nach einem Stück von Bruno Frank – Kamera: Guido Seeber, Bruno Timm – Musik: Stefan Weiß, Arthur

M. Werau – Darsteller: Hansi Niese,
Renate Müller, Paul Otto, Harald Paulsen,
Franz Schafheitlin – Länge: 70 Min.
Einer armen Blumenfrau nimmt man
ihren Hund weg, da sie die Hundesteuer
nicht aufbringen kann. Der Bürgermei-
ster, den sie aufsucht, weist sie rüde ab,
ein Reporter (Paulsen), der Zeuge des
Rauswurfs wird, bringt den Fall in die
Zeitung und verhindert damit die Wieder-
wahl des Bürgermeisters. Hedy Kiesler
spielt die Sekretärin des Reporters.

EKSTASE/SYMPHONIE DER LIEBE
Tschechoslowakei/Österreich 1933
Regie: Gustav Machaty – Produktion:
Frantisek Horky, Moritz Grinhut, Machaty
Drehbuch: Machaty, Horky, Jacques
A. Koerpel, nach einer Erzählung von
Viteslav Nezval – Kamera: Jan Stallich,
Hans Androschin – Musik: Giuseppe
Becce – Darsteller: Hedwig Kiesler,
Aribert Mog, Leopold Kramer, Zvonimir
Rogoz – Länge: 82 Min.

Der ›Skandalfilm‹, mit dem Hedy Lamarr
als erste Nackte in die Filmgeschichte
einging und der den Grundstein für ihre
spätere Karriere legte, wirkt, wie sollte es
auch anders sein, aus heutiger Sicht
harmlos und gänzlich unanstößig – selbst
damals war man, wenn auch nicht auf
der Kinoleinwand, Drastischeres
gewöhnt. Machatys Eroticon, in Bildge-
staltung und Lichtsetzung von seinen
amerikanischen Lehrjahren bei Griffith
und Stroheim inspiriert, erzählt die
Geschichte einer jungen Frau, deren
Ehemann (Rogoz) sich in der Hochzeits-
nacht als impotent erweist. Sie läßt sich
mit einem Straßenbauingenieur (Mog)
ein, dem sie nackt in die Arme gelaufen
ist: Während Eva in einem See
schwimmt, läuft ihr Pferd mit ihren Klei-
dungsstücken davon. Sie eilt hinterher
und stößt dabei auf den Ingenieur, der
das Pferd zum Halten gebracht hat und
ihr ihre Kleidung übergibt. In einer Hütte
schlafen sie miteinander; der Close-up
von Hedy Lamarrs Gesicht während des
Orgasmus war der eigentliche Skandal.
Eva geht mit dem Ingenieur fort, verläßt

ihn jedoch wieder, als sie vom Selbstmord ihres Ehemannes erfährt. Am Ende
sieht man sie glücklich mit ihrem unehe-
lichen Kind. Der Film wurde 1934 urauf-
geführt. In den USA kam er in einer
›gesäuberten‹ Fassung erst 1940 heraus.

ALGIERS
USA 1938
Regie: John Cromwell – Produktion:
Walter Wanger/United Artists –
Drehbuch: John Howard Lawson, James
M. Cain, nach dem Roman ›Pepe Le
Moko‹ von Roger D'Ashelbe – Kamera:
James Wong Howe – Musik: Vincent
Scotto, Muhammed Ygner Buchen
Darsteller: Charles Boyer, Sigrid Gurie,
Hedy Lamarr, Joseph Calleia, Alan Hale,
Gene Lockhart – Länge: 95 Min.

Pepe Le Moko (Boyer), der Juwelendieb,
ist aus Frankreich geflohen und hält sich
im Labyrinth der Kasbah von Algier vor
der Polizei verborgen. Inspektor Slimane
(Calleia), der Pepe belauert, spielt auf
Zeit, denn er weiß, daß es Pepe in seinem
Versteck nicht lange aushalten wird.
Während Pepe sich nach Paris zu sehnen
beginnt, taucht Gaby (Lamarr) als franzö-
sische Touristin auf, die dem Meisterdieb
in die Kasbah folgt und die Eifersucht von
dessen Geliebter Ines (Gurie) erregt – bis
schließlich passiert, was passieren muß.
Pepe verläßt wegen Gaby den Schutz der
Kasbah, wird verhaftet und erschossen.
Selbst ein Meisterdieb, folgt der Film fast
Szene für Szene dem französischen ›Ori-
ginal‹, ›Pepe Le Moko‹ von Julien Duvi-
vier mit Jean Gabin in der Hauptrolle.
Der berühmte Satz ›Come with me to the
Casbah‹ fällt im übrigen so wenig wie
›Play it again, Sam!‹ in ›Casablanca‹.

LADY OF THE TROPICS
USA 1939
Regie: Jack Conway – Produktion: Sam
Zimbalist/MGM – Drehbuch: Ben Hecht
Kamera: George Folsey – Musik: Franz
Waxman – Darsteller: Robert Taylor, Hedy
Lamarr, Joseph Schildkraut, Gloria
Franklin, Ernest Cossart, Mary Taylor
Länge: 92 Min.

84

Der amerikanische Playboy Bill (Taylor), auf Jachturlaub in Indochina, verliebt sich in die Einheimische Manon (Lamarr), kehrt seiner Familie den Rücken und will Manon heiraten. Der einflußreiche Eurasier Delaroche (Schildkraut) soll seinen Einfluß bei der Beschaffung eines Passes für Manon einsetzen, verzögert jedoch die Prozedur absichtsvoll. Manon erklärt sich bereit, mit ihm zu schlafen, wenn er dem inzwischen mittellosen Bill Arbeit und ihr das gewünschte Dokument verschafft. Delaroche entsendet Bill auf eine Kautschukplantage in den Dschungel, und Manon geht mit ihm aus, ohne daß zwischen beiden etwas passierte. Der mißtrauische Bill jedoch kehrt zurück und will Delaroche umbringen. Manon kommt ihm zuvor und erschießt erst Delaroche, dann sich selbst. Im Sterben liegend, den kostbaren Paß in der Hand, findet Bill sie vor.

I TAKE THIS WOMAN
USA 1939
Regie: W. S. Van Dyke (Josef von Sternberg, Frank Borzage, beide ohne Credit) – Produktion: Bernard H. Hyman/MGM – Drehbuch: James Kevin McGuiness, nach einer Story von Charles MacArthur – Kamera: Harold Rosson – Musik: Bronilau Kaper, Arthur Guttman – Darsteller: Spencer Tracy, Hedy Lamarr, Verree Teasdale, Kent Taylor, Mona Barrie, Paul Cavanagh, Jack Carson – Länge: 96 Min.

Der Arzt Karl Decker (Tracy), auf dem Rückweg von einem Forschungsaufenthalt in Europa, rettet während der Überfahrt die lebensmüde Georgi Gragore (Lamarr), die aus Liebeskummer über Bord springen will. Ihr Liebhaber hatte sein Versprechen gebrochen, sich scheiden zu lassen. Decker verliebt sich in Georgi, sie gibt ihren Job in der Modebranche auf und geht ihm in einer Slumklinik zur Hand. Die beiden heiraten, und um ihr einen angemessenen Lebensstandard zu bieten, kehrt Decker seiner karitativen Tätigkeit den Rücken und verdingt sich als Arzt für die Reichen. Georgi kann ihren Geliebten (Taylor) jedoch

nicht vergessen und will ihn wiedersehen. Der Film wurde als ›I re-take this woman‹ verspottet, weil sich die Dreharbeiten mit Pausen über 18 Monate hinzogen; zwei Regisseure quittierten den Job.

COMRADE X / COMRADE X
USA 1940
Regie: King Vidor – Produktion: Gottfried Reinhardt/MGM – Drehbuch: Ben Hecht, Charles Lederer, nach einer Story von Walter Reisch – Kamera: Joseph Ruttenberg – Musik: Bronislau Kaper – Darsteller: Clark Gable, Hedy Lamarr, Oskar Homolka, Felix Bressart, Eve Arden, Sig Ruman – Länge: 87 Min.

Mac Thompson (Gable), ein amerikanischer Reporter in Moskau, wird vom Portier seines Hotels (Bressart) erpreßt, der herausgefunden hat, daß Thompson unter dem Decknamen ›Comrade X‹ unzensierte Nachrichten außer Landes bringt. Thompson soll die Portierstochter Theodora (Lamarr), eine Straßenbahnfahrerin und überzeugte Kommunistin, aus der Sowjetunion bringen. Er kann sie nur dazu bewegen, indem er sich selbst als Kommunist ausgibt und Theodora überzeugt, es gelte den Kommunismus auch in den USA zu verbreiten. Nach Rücksprache mit Theodoras politischem Mentor Sokolov stellt sich heraus, daß die einzige Möglichkeit zur legalen Ausreise in einer Heirat besteht. Die beiden heiraten, doch die Geheimpolizei nimmt sie fest und befragt sie nach ›Comrade X‹. Thompson, Theodora und deren Vater werden zum Tode verurteilt, doch Thompson kann den Geheimpolizeichef mit einem kompromittierenden Foto erpressen. In einem gestohlenen Panzer ergreifen die Drei die turbulente Flucht. Walter Reisch, der schon am Drehbuch für ›Ninotschka‹ mitgeschrieben hatte, erhielt für diesen ›Ableger‹ eine Oscar-Nominierung.

BOOM TOWN / DER DRAUFGÄNGER
USA 1940
Regie: Jack Conway – Produktion: Sam Zimbalist/MGM – Drehbuch: John Lee

Mahin, nach einer Story von James Edward Grant – Kamera: Harold Rosson – Musik: Franz Waxman – Darsteller: Clark Gable, Spencer Tracy, Claudette Colbert, Hedy Lamarr, Frank Morgan, Lion Atwill – Länge: 117 Min.

Im kommerziell erfolgreichsten Film des Jahres 1940 dienen Bohrtürme, spektakuläre Pyrotechnik und Millionengeschäfte als Kulisse zur Präsentation der beiden größten männlichen MGM-Stars. Die Höhen und Tiefen einer Männerfreundschaft lassen wenig Platz für die beiden weiblichen Stars. Ölsucher Johnny (Gable) spannt seinem Freund Johnny (Tracy) dessen Braut Betsy (Colbert) aus, beide steigen zu Ölbaronen auf. Karen (Lamarr) versorgt als Dame der New Yorker Gesellschaft Gable mit Insider-Tips aus der Geschäftswelt und macht sich auch außergeschäftliche Hoffnungen auf ihn. Der noble zweite Johnny, der Colbert noch immer liebt, rettet durch beherzte Taten die Ehe. Karen bleibt nur der würdige Rückzug.

ZIEGFELD GIRL/MÄDCHEN IM RAMPENLICHT
USA 1941
Regie: Robert Z. Leonard – Produktion: Pandro S. Berman/MGM – Drehbuch: Marguerite Roberts, Sonya Levien, nach einer Story von William Anthony McGuire – Kamera: Ray June – Musik: Herbert Stothart – Darsteller: James Stewart, Judy Garland, Hedy Lamarr, Lana Turner, Tony Martin, Jackie Cooper – Länge: 131 Min.

Die Geschichte dreier Mädchen, die bei den berühmten Ziegfeld Girls am Broadway Karriere machen wollen. Susan (Garland) läßt ihren Vater, einen Vaudeville-Artisten, im Stich, Sheila (Turner) genießt den Kontakt mit der besseren Gesellschaft und kehrt ihrem Freund (Stewart) den Rücken, einem Lastwagenfahrer, der Extrageld als Schwarzbrenner zu machen versucht, um seine Geliebte zurückzugewinnen. Die europäische Schönheit Sandra (Lamarr) will ihren

Mann, einen mittellosen, aber begabten Violinisten unterstützen, indem sie sich, gegen den Widerstand ihres Gatten, von Florence Ziegfeld verpflichten läßt. Alle drei Grazien müssen mehr oder minder schmerzhaft erkennen, daß Liebe wertvoller als eine Showkarriere ist. Turner wird zur Alkoholikerin, eine geläuterte Susan kümmert sich um die väterliche Karriere, und Sandra wendet sich wieder ihrem Gatten zu. Doch die eigentlichen Stars des Films sind die Ziegfeld Girls mit ihren spektakulären Tanzeinlagen, choreographiert von Florence Ziegfeld und Busby Berkely.

H. M. PULHAM, ESQ.
USA 1941
Regie: King Vidor – Produktion: King Vidor/MGM – Drehbuch: King Vidor, Elisabeth Hill, nach dem Roman von John P. Marquand – Kamera: Ray June – Musik: Bronislau Kaper – Darsteller: Hedy Lamarr, Robert Young, Ruth Hussey, Charles Coburn, Van Heflin, Fay Holden – Länge: 120 Min.

In der besseren Gesellschaft von Boston angesiedelt, erzählt der Film die Geschichte des wohlhabenden Pulham (Young), der sich an eine alte Liebesaffäre zurückerinnert. Im New York der zwanziger Jahre verliebte er sich in die Stenotypistin Marvin (Lamarr), ein Mädchen aus dem ländlichen Iowa. Pulhams Vater (Coburn) verweigerte einer Ehe seine Zustimmung, und Pulham heiratete eine standesgemäße Partie (Hussey). Jahre danach begegnen sich die Liebenden von einst wieder und versuchen einen Neuanfang, doch sie erkennen bald die Unmöglichkeit ihres Wunsches. So kehrt Pulham in die Arme seiner verständnisvollen Gattin zurück, und Marvin geht ihrer Wege.

COME LIVE WITH ME/KOMM BLEIB BEI MIR
USA 1941
Regie: Clarence Brown – Produktion: Clarence Brown/MGM – Drehbuch: Patterson McNutt, nach einer Story von

Virginia Van Upp – Kamera: George Folsey – Musik: Herbert Stothart – Darsteller: James Stewart, Hedy Lamarr, Ian Hunter, Verree Teasdale, Donald Meek, Barton MacLane – Länge: 85 Min.

Der illegalen Immigrantin Johnny (Lamarr) droht die Abschiebung. Um sich zu retten, heiratet sie den abgebrannten Schriftsteller Bill (Stewart), weil ihr Geliebter, der Verleger Barton, noch verheiratet ist. Für die Scheinehe (und dafür, daß er sich von ihr fernhält) wird Bill von Johnny bezahlt; ihn inspiriert diese Geschichte zu einem Roman, den, ausgerechnet natürlich, Bartons Verlag erwirbt und damit Bills finanzielle Sorgen beendet. Johnny bittet ihn derweil um die Scheidung, da Barton inzwischen bereit ist, sich von seiner Frau zu trennen. Bill sucht Johnny daraufhin auf und stellt ihr ein Ultimatum: Damit er in die Scheidung einwillige, müsse sie ein Wochenende mit ihm verbringen. Während der Landpartie ruft Johnny heimlich Barton an und bittet ihn nachzukommen. Bill hält Barton zunächst ›nur‹ für seinen Verleger, bis er in ihm den Rivalen erkennt und sich verärgert zurückzieht. Doch zu diesem Zeitpunkt hat Johnny längst ihre Gefühle für Bill entdeckt, und Bartons Versuche, sie zurückzugewinnen, sind vergeblich.

WHITE CARGO
USA 1942
Regie: Richard Thorpe – Produktion: Victor Saville/MGM – Drehbuch: Leon Gordon, nach seinem Bühnenstück und nach dem Roman ›Hell's Playground‹ von Ida Vera Simonton – Kamera: Harry Stradling – Musik: Bronislau Kaper – Darsteller: Hedy Lamarr, Walter Pidgeon, Frank Morgan, Richard Carlson, Reginald Owen, Henry O'Neill – Länge: 90 Min.

Das Remake eines frühen britischen Tonfilms nach einem schwülen Roman und Bühnenstück zeigt Lamarr als Männer verführende und verderbende exotische Schönheit Tondelayo. Harry (Pidgeon), der Eigentümer einer Kautschukplantage, muß erleben, wie sein Assistent Langford

(Carlson) von einem ähnlichen Schicksal ereilt zu werden scheint wie dessen Vorgänger Fletcher, der infolge von Tondelayos Fluch geistig und physisch ruiniert ist. Sie verflucht auch Langford, und Harry schickt sie fort. Doch als die Eingeborenen den weißen Herren nicht mehr gehorchen wollen, kehrt Tondelayo zurück. Langford heiratet sie gegen Harrys Willen, nicht ohne daß vorher klargestellt würde, daß Tondelayo gar keine Eingeborene, sondern Tochter eines Ägypters, damit eine Weiße ist. Von ihrem Ehemann bald gelangweilt, will sie ihn vergiften und wird dabei von Harry erwischt, der sie zwingt, das Gift selbst einzunehmen. Er schickt sie in den Dschungel, wo sie stirbt. Der genesene Langford kehrt nach Hause zurück.

TORTILLA FLAT
USA 1942
Regie: Victor Fleming – Produktion: Sam Zimbalist/MGM – Drehbuch: John Lee Mahin, Benjamin Glazer, nach dem Roman von John Steinbeck – Kamera: Karl Freund, Sidney Wagner – Musik: Franz Waxman – Darsteller: Spencer Tracy, Hedy Lamarr, John Garfield, Frank Morgan, Akim Tamiroff, Sheldon Leonard – Länge: 105 Min.

In der Verfilmung von John Steinbecks gleichnamigem Roman spielen Tracy und Tamiroff zwei Schnorrer im kalifornischen Monterey, die immer auf der Suche nach einer Gratismahlzeit sind. Garfield ist ein ehrgeiziger junger Mann, der mit dem Erbe von zwei Häusern zu bescheidenem Wohlstand gelangt und sich in Dolores (Lamarr) verliebt, die in einer Fischkonservenfabrik arbeitet. Er überläßt den beiden Schnorrern eines seiner Häuser, doch bald kommt es zu allerlei Spannungen.

CROSSROADS
USA 1942
Regie: Jack Conway – Produktion: Edwin H. Knopf/MGM – Drehbuch: Guy Trosper, nach einer Story von John Kafka und

Howard Emmett Rogers – Kamera: Joseph Ruttenberg – Musik: Bronislau Kaper – Darsteller: William Powell, Hedy Lamarr, Claire Trevor, Basil Rathbone, Margaret Wycherly, Felix Bressart, Vladimir Sokoloff – Länge: 82 Min.

Ein jungverheiratetes Paar (Powell, Lamarr) in Paris wird erpreßt. Man droht, den Diplomaten als Kriminellen zu entlarven, ohne daß er wüßte, warum. Er findet sich plötzlich wegen Raubmords angeklagt, und zwei Zeugen (Trevor, Sokoloff) sagen gegen ihn aus. Basil Rathbone spielt den Entlastungszeugen, der erklärt, ein anderer Mann, der in seinen Armen gestorben sei, habe die Tat begangen. Der Diplomat wird freigesprochen, doch Rathbone enthüllt dem Glücklichen, er habe einen Meineid geleistet und stecke hinter dem Erpressungsversuch. Powell muß erfahren, daß er bei dem Raubmord mit seinem Komplizen Rathbone einen Schlag auf den Kopf bekommen haben soll, der ihn in Amnesie stürzte. Verzweifelt versucht er, sich seinem Erpresser erneut zu entwinden.

SHOW BUSINESS AT WAR
USA 1943
Regie: Louis De Rochemont – Produktion: Twentieth Century Fox – Darsteller: Ein imposantes Staraufgebot von Louis Armstrong über Hedy Lamarr bis Darryl D. Zanuck spielt sich selbst in einem der zahlreichen Filme, die den Weltkriegseinsatz der USA unterstützten – Länge: 17 Min.

THE HEAVENLY BODY
USA 1943
Regie: Alexander Hall – Produktion: Arthur Hornblow Jr./MGM – Drehbuch: Michael Arlen, Harry Kurnitz, Walter Reisch, nach einer Story von Jacques Thery – Kamera: Robert Planck – Musik: Bronilau Kaper – Darsteller: William Powell, Hedy Lamarr, James Craig, Fay Bainter, Henry O'Neill, Spring Byington – Länge: 95 Min.

Ein erfolgreicher Astronom (Powell) ist so mit den Sternen beschäftigt, daß er seine attraktive Frau (Lamarr) vernachlässigt. Sie sucht prompt eine Astrologin auf, die ihr prophezeit, bald werde sie einem weitgereisten Mann begegnen. Sie erzählt ihrem Ehemann davon, um ihn eifersüchtig zu machen, und er ist empört, daß sie den Ratschlägen einer Quacksalberin glaubt. Am vorhergesagten Tag passiert nichts, und so entschuldigt sie sich bei ihrem Mann. Als es um Mitternacht an der Tür klopft, steht jedoch nicht der Gatte vor der Tür, sondern ein Luftschutzwart (Craig). Es stellt sich heraus, daß dieser Mann in der Welt herumgekommen ist; ein kleiner Flirt setzt ein, den der heimkehrende Powell beendet. Mißtrauisch geworden, fordert er die Versetzung des Luftschützers, doch der weigert sich. Powell sucht daraufhin die Astrologin auf und läßt sie ein falsches Horoskop stellen, das seinen Tod verkündet. Er simuliert eine tödliche Krankheit, doch Lamarr kommt ihm auf die Schliche. Frustriert zieht er sich in eine Blockhütte zurück. Erst da begreift sie, daß ihr Mann sie liebt, und kehrt zu ihm zurück.

THE CONSPIRATORS / DER RING DER VERSCHWORENEN
USA 1944
Regie: Jean Negulesco – Produktion: Jack Chertok/Warner Bros. – Drehbuch: Vladimir Pozner, Leo Rosten, nach dem Roman von Frederic Prokosch – Kamera: Arthur Edeson – Musik: Max Steiner – Darsteller: Hedy Lamarr, Paul Henreid, Sydney Greenstreet, Peter Lorre, Victor Francen, Joseph Calleia, Vladimir Sokoloff – Länge: 100 Min.

In dem (lediglich kommerziell einträglichen) Bemühen, den Erfolg von ›Casablanca‹ zu nutzen, läßt der Film einen niederländischen Widerstandskämpfer (Henreid) gegen die Nazis nach Lissabon fliehen, wo er Irene (Lamarr) begegnet. Seine Mitkämpfer (Greenstreet, Lorre) warnen ihn vor ihr, da sie mit einem hohen Nazi-Diplomaten verheiratet ist. Henreid gerät bald in Mordverdacht, und seine Freunde beginnen, ihm zu mißtrauen. Er kann sich von den Verdächtigungen reinwaschen und erfährt, daß Irenes Mann ebenfalls Untergrundkämpfer ist. Henreid sorgt jedoch dafür, daß ihm eine Falle gestellt wird, und der Diplomat entpuppt sich als Doppelagent. Er flieht und wird von Henreid erschossen, der sich dann selbst auf eine geheime Mission begibt. Lamarr, die auf ihn zu warten gelobt, bleibt im Schlußbild allein am Ufer zurück.

EXPERIMENT PERILOUS / EXPERIMENT IN TERROR
USA 1944

Regie: Jacques Tourneur – Produktion: Warren Duff/RKO – Drehbuch: Warren Duff, nach dem Roman von Margaret Carpenter – Kamera: Tony Gaudio – Musik: Roy Webb – Darsteller: Hedy Lamarr, Paula Raymond, George Brent, Paul Lukas, Albert Dekker, Carl Esmond Länge: 90 Min.

Der Psychiater Bailey (Brent) lernt auf einer Zugfahrt eine ältere Dame kennen, das Dienstmädchen einer wohlhabenden Familie. Er sieht die Dame des Hauses auf einem Gemälde und ist hingerissen. Als er sie kennenlernt, bittet der Ehemann (Lukas) von Alida (Lamarr) ihn, seine Frau zu behandeln. Allmählich erkennt der Psychiater, daß er es mit einem pathologisch Eifersüchtigen zu tun hat, und er verliebt sich in die vermeintliche Patientin. Er schickt sich an, sie vor ihrem Mann in Sicherheit zu bringen, doch bei dem Versuch droht der Ehemann, das Haus in die Luft zu sprengen. Lamarr und ihrem kleinen Sohn gelingt die Flucht, während Bailey seinen Widersacher in letzter Sekunde überwältigen kann, bevor das Haus in die Luft fliegt.

HER HIGHNESS AND THE BELLBOY
USA 1945

Regie: Richard Thorpe – Produktion: Joe Pasternak/MGM – Drehbuch: Richard

Connell, Gladys Lehman – Kamera: Harry Stradling Sr. – Musik: George Stoll – Darsteller: Hedy Lamarr, Robert Walker, June Allyson, Carl Esmond, Agnes Moorehead, Rags Ragland, Warner Anderson – Länge: 108 Min.

Die Prinzessin eines Märchenlandes (Lamarr) kommt nach New York, um einen Journalisten (Anderson) zu treffen, der einmal ihr Land bereist hat. Der Hotelpage (Walker) hält sie zunächst für ein Zimmermädchen, woraufhin die amüsierte Prinzessin die Hotelleitung bittet, ihn als ihren persönlichen Pagen abzustellen. Der junge Mann, der regelmäßig eine kranke Dame (Allyson) mit seinen Besuchen erfreut, macht sich Hoffnungen. Die Prinzessin wiederum stellt fest, daß sie und Anderson nicht zueinander passen. Als sie dann plötzlich erfährt, daß ihr Vater gestorben und sie nun Königin ist, offeriert sie Walker, er könne sie begleiten, was der Page als Heiratsantrag mißversteht. Als er sich von Allyson verabschiedet, begreift er jedoch, daß er eigentlich sie liebt. Er erklärt es der Prinzessin, der daraufhin klar wird, daß sie den Journalisten liebt. Sie dankt ab und heiratet den Zeitungsmann.

THE STRANGE WOMAN
USA 1946

Regie: Edgar G. Ulmer – Produktion: Hunt Stromberg/United Artists – Drehbuch: Herb Meadow, nach dem Roman von Ben Ames Williams – Kamera: Lucien Andriot – Musik: Carmen Dragon – Darsteller: Hedy Lamarr, George Sanders, Louis Hyward, Gene Lockhart, Hillary Brooke, Rhys Williams – Länge: 100 Min.

Der Film spielt in der ersten Hälfte des 19. Jahrhunderts in Bangor im Bundesstaat Maine. Lamarr, ein ehrgeiziges junges Mädchen, verläßt ihren versoffenen Vater und heiratet einen wohlhabenden, 20 Jahre älteren Geschäftsmann (Lockhart). Dank seines Geldes wird sie schnell zu einer einflußreichen Figur im sozialen Leben der Stadt. Sie lockt den

Sohn (Hayward) ihres Mannes aus erster Ehe von der Universität nach Hause und macht ihn sich gefügig. Sie selbst interessiert sich bald für einen anderen Geschäftsmann (Sanders), der ihre beste Freundin heiraten will (Brooke). Sie bringt den Sohn mit einem Heiratsversprechen dazu, seinen Vater zu ermorden. Nach dessen Tod reich und unabhängig, schickt sie den Sohn fort und macht sich an Sanders heran, der sie heiratet. Der Sohn verfällt dem Suff und begeht Selbstmord, derweil Sanders allmählich bemerkt, daß er eine ›strange woman‹ geehelicht hat. Als sie aus Versehen durchblicken läßt, was sie getan hat, zieht er sich in ein Holzfällercamp zurück. Seine alte Liebe folgt ihm. Lamarrr eilt den beiden nach und versucht, sie im Camp mit der Kutsche zu überfahren. Doch die Kutsche verunglückt, sie wird abgeworfen und kommt selbst unter die Räder.

DISHONORED LADY / FRAU OHNE MORAL ?

USA 1947

Regie: Robert Stevenson (by arrangement with David O. Selznick) – Produktion: Jack Chertok/United Artists – Drehbuch: Edmund H. North, nach dem Bühnenstück von Margaret Ayer Barnes und Edward Sheldon – Kamera: Lucien Andriot – Musik: Carmen Dragon – Darsteller: Hedy Lamarr, Dennis O'Keefe, John Loder, William Lundigan, Morris Carnovsky, Paul Cavanagh – Länge: 85 Min.

Eine psychisch instabile New Yorker Magazinredakteurin (Lamarr) begibt sich nach einem Selbstmordversuch in die Behandlung eines Psychiaters (Carnovsky), der ihr einen weniger aufreibenden Lebenswandel empfiehlt. Sie legt sich einen neuen Namen zu, zieht ins Greenwich Village, wo sie sich aufs Malen verlegt, und lernt einen Wissenschaftler (O'Keefe) kennen. Kurz vor der Heirat muß er noch einmal die Stadt verlassen. In einem Nachtclub trifft sie einen reichen Juwelier (Loder, damals noch

Lamarrs Ehemann) wieder, mit dem sie früher eine Affäre hatte. Leicht angetrunken, läßt sie sich zunächst überreden, ihn nach Hause zu begleiten, doch sie flieht durch die Hintertür, als es klingelt. Der Besucher (Lundigan) ist ein ehemaliger Angestellter, der Schmuck gestohlen hat und nun den Juwelier bittet, ihn nicht anzuzeigen. Als der Juwelier ablehnt, wird er ermordet. Natürlich gerät Lamarr unter Verdacht. Sie muß vor Gericht. Ihr designierter Ehemann will nichts mehr von ihr wissen. Sie verfällt erneut in tiefe Depressionen, und der Psychiater erschließt daraus ihre Unschuld. Er drängt ihren Geliebten, sich um sie zu kümmern. Der läßt sich überzeugen, klärt den Fall auf und kommt gerade rechtzeitig auf den Flugplatz, um Lamarr an der Abreise zu hindern.

LET'S LIVE A LITTLE/ GELD ODER LIEBE

USA 1948

Regie: Richard Wallace – Produktion: Eugene Frenke, Robert Cummings/United California, Eagle-Lion – Drehbuch: Howard Irving Young, Edmund Hartmann, Albert J. Cohen, nach einer Story von Cohen und Jack Harvey – Kamera: Ernest Laszlo – Musik: Werner R. Heymann – Darsteller: Hedy Lamarr, Robert Cummings, Anna Sten, Robert Shayne, Mary Treen, Harry Antrim – Länge: 85 Min.

Crawford (Cummings), Angestellter in einer Werbeagentur, versucht, sich aus einer Affäre mit einer wichtigen Kundin (Sten) zu lösen, die jedoch droht, den Vertrag nicht zu erneuern, wenn er nicht bei ihr bleibt. Er gerät in eine psychische Krise, wird in eine andere Abteilung versetzt und dort mit der Aufgabe betraut, das neue Buch einer Psychiaterin (Lamarr) zu promoten. Er vertraut sich ihr an, sie behandelt ihn, und man verliebt sich rasch ineinander. Doch die alte Geliebte läßt nicht locker, und er glaubt, die Psychiaterin sehe in ihm nur das Anschauungsmaterial für eine Fallstudie.

SAMSON AND DELILAH / SAMSON UND DELILAH

USA 1949

Regie: Cecil B. DeMille – Produktion: DeMille/Paramount – Drehbuch: Vladimir Jabotinsky, Harold Lamb, Jesse Lasky Jr., Fredric M. Frank, nach der Geschichte aus der Bibel und einem Buch von Jabotinsky – Kamera: George Barnes, Dewey Wrigley – Musik: Victor Young – Darsteller: Hedy Lamarr, Victor Mature, George Sanders, Angela Lansbury, Henry Wilcoxon, Olive Deering – Länge: 131 Min.

Im biblischen Palästina, um das Jahr 1000 vor der Zeitenwende, wird der jüdische Revolutionär Samson (Mature) von der eifersüchtigen Delilah, deren Schwester (Lansbury) er heiraten wollte, verraten, weil er sie verschmäht hat. Als Geliebte des Saran (Sanders) will Delilah, die das Geheimnis von Samsons Kraft kennt, sich rächen – doch der sprichwörtlich starke Held übt seinerseits furchtbare Vergeltung.

A LADY WITHOUT A PASSPORT

USA 1950

Regie: Joseph H. Lewis – Produktion: Samuel Marx/MGM – Drehbuch: Howard Dimsdale, Cyril Hume, nach einer Story von Lawrecne Taylor – Kamera: Paul C. Vogel – Musik: David Raskin – Darsteller: Hedy Lamarr, John Hodiak, James Craig, George Macready, Steven Geray, Bruce Cowling – Länge: 84 Min.

Als Flüchtling lernt Lamarr Hodiak kennen, der ebenfalls vorgibt, ein ungarischer Flüchtling zu sein, der über Kuba illegal in die USA einreisen will. Sie tun sich zusammen, und sie pirscht sich an den Drahtzieher (Macready) heran, der die Einreise organisiert. Als dieser merkt, daß das FBI ihm auf den Fersen ist, flieht er in einem Flugzeug mit Lamarr nach Florida. Es kommt zur Bruchlandung mitten in den Everglades. Hodiak, in Wahrheit ein Beamter der US-Immigrationsbehörde, spürt die beiden auf und rettet Lamarr das Leben.

COPPER CANYON / FLAMMENDES TAL

USA 1950

Regie: John Farrow – Produktion: Mel Epstein/Paramount – Drehbuch: Jonathan Latimer, nach einer Story von Richard English – Kamera: Charles Lang – Musik: Daniele Amfitheatrof – Darsteller: Ray Milland, Hedy Lamarr, Macdonald Carey, Mona Freeman, Harry Carey Jr., Frank Faylen – Länge: 83 Min.

Ein Vaudeville-Kunstschütze und ehemaliger Südstaatenoffizier (Milland), der von den Nordstaatlern wegen Diebstahls gesucht wird, kommt nach dem Bürgerkrieg mit seiner Show in eine Minenstadt und wird von Südstaaten-Veteranen um Hilfe gegen die Schikanen gebeten, denen sie dort als Betreiber einer Kupfermine ausgesetzt sind. Er trickst seine Verfolger aus und verliebt sich in eine Spielerin und Saloonbetreiberin (Lamarr), die mit den Männern, die den Südstaatlern das Leben schwer machen, unter einer Decke zu stecken scheint.

MY FAVORITE SPY / SPIONE, LIEBE UND DIE FEUERWEHR

USA 1951

Regie: Norman Z. McLeod – Produktion: Paul Jones/Paramount – Drehbuch: Edmund Hartmann, Jack Sher, Edmund Beloin, Lou Breslow, nach einer Story von Beloin und Breslow – Kamera: Victor Milner – Musik: Victor Young – Darsteller: Bob Hope, Hedy Lamarr, Francis L. Sullivan, Arnold Moss, John Archer, Luis Van Rooten – Länge: 93 Min.

Der Komiker Peanuts White (Hope) wird von der Regierung angeheuert, einen Spion zu verkörpern, dem er sehr ähnelt, um einen wichtigen Mikrofilm in Tanger zu erwerben. Dort begegnet er einer Geliebten des Spions (Lamarr), die wiederum mit einem Spionagering kooperiert, der ebenfalls hinter dem Mikrofilm her ist. Derweil taucht der echte Agent in Tanger auf und wird getötet. Hope vertraut sich daraufhin Lamarr an, die ihm hilft, seine Mission zu erfüllen. Von den 10 000

Dollar Belohnung gedenkt Hope einen Kurzwarenladen zu erwerben und sich mit Lamarr in New Jersey niederzulassen.

L'AMANTE DI PARIDE
Auch als LOVES OF THREE QUEENS, ETERNAL WOMAN, THE FACE THAT LAUNCHED A THOUSAND SHIPS und ETERNA FEMMINA bekannt
Italien/Frankeich 1953
Regie: Marc Allégret, Edgar G. Ulmer – Produktion: Victor Pahlen/CDD, P.C.E. – Drehbuch: Marc Allégret, Vittorio Nino Novarese, Salka Viertel, nach einer Story von Aeneas McKenzie, Vadim Plenianikov, Marc Allégret und Hugh Gray – Kamera: Desmond Dickinson, Fernando Risi – Musik: Nino Rota – Darsteller: Hedy Lamarr, Gerard Oury, Massimo Serato, Robert Beatty, Cathy O'Donnell, Guido Celano – Länge: 90 Min.

Vor die schwere Frage gestellt, welches Kleid sie auf einem großen Ball tragen soll, wendet sich Lamarr an drei Freunde. Der eine rät ihr, als Schöne Helena zu gehen, der nächste schlägt Josephine vor, Napoleons Geliebte, der dritte plädiert für Genevieve von Brabant, doch Lamarr läßt sich von keinem der drei Rollenvorschläge überzeugen.

THE STORY OF MANKIND
USA 1957
Regie: Irwin Allen – Produktion: Allen/Warner Bros. – Drehbuch: Allen, Charles Bennett, nach dem Buch von Hendrik Willem Van Loon – Kamera: Nicholas Musuraca – Musik: Paul Sawtell Darsteller: Ronald Colman, Hedy Lamarr, Groucho Marx, Harpo Marx, Chico Marx, Peter Lorre, Dennis Hopper, Virginia Mayo, Cedric Hardwicke, Agnes Moorehead, Vincent Price – Länge: 100 Min.

Der Ältestenrat, der das Universum regiert, berät über die Frage, ob die Menschheit ein Weiterleben verdient habe oder vernichtet werden müsse. Der Teufel (Price) und ein Engel agieren dabei als Ankläger bzw. Verteidiger und lassen im Zuge des Verfahrens verschiedene Szenen aus 500 000 Jahren Menschheitsgeschichte Revue passieren. Unter anderem spielt Groucho Marx Peter Minuit, der Manhattan erwarb, Harpo agiert als Isaac Newton, Peter Lorre gibt Nero, und Hedy Lamarr spielt Jeanne D'Arc. Drei Wochen nach dem Start war der Film seinerzeit spurlos aus den Kinos verschwunden.

THE FEMALE ANIMAL
USA 1957
Regie: Harry Keller – Produktion: Albert Zugsmith/Universal – Drehbuch: Robert Hill, nach einer Story von Zugsmith – Kamera: Russell Metty – Musik: Hans J. Salter – Darsteller: Hedy Lamarr, Jane Powell, Jan Sterling, George Nader, Jerry Paris, Gregg Palmer – Länge: 90 Min.

Ein alternder Filmstar (Lamarr) wird von einem jungen Statisten (Nader) bei einem Arbeitsunfall im Studio gerettet. Sie macht ihn zum Verwalter ihres Strandhauses und beginnt eine Affäre mit ihm. Dann lernt er die Adoptivtochter (Powell) des Stars kennen, die er aus den Klauen eines zudringlichen Verehrers befreit, und verliebt sich in sie.

THE LOVE GODDESSES/
DIE GÖTTINNEN DER LIEBE
USA 1965
Regie: Saul J. Turell – Produktion: Graeme Ferguson, Saul J. Turell – Drehbuch: Ferguson/Turell – Musik: Percy Faith – Länge: 87 Min.

Ein Kompilationsfilm über die schönsten Frauen der Filmgeschichte, in dem zwischen Lillian Gish, Jeanette MacDonald, Elisabeth Taylor und vielen anderen auch Hedy Lamarr ihren Platz findet. Der Film versammelt Ausschnitte aus mehr als zwei Dutzend einschlägigen Werken von ›Tagebuch einer Verlorenen‹ über ›Blonde Venus‹ und ›Gilda‹ bis zu ›Ekstase‹. Er dokumentiert, wie sich in der Filmindustrie über die Jahrzehnte die Darstellung von Sex und Erotik veränderte. In der deutschen Synchronfassung amtiert Dieter Hildebrandt als Kommentator.

THE WAR YEARS
USA 1988
Regie: Julian Schlossberg – Darsteller: Humphrey Bogart (Archivmaterial), Roddy McDowall

Eine Kompilation von Auszügen aus alten Filmen wie ›Bataan‹ oder ›Pride of the Marines‹, aus Wochenschauen und Interviews mit Hollywood-Stars jener Zeit, die den Kriegseinsatz der USA unterstützten, unter ihnen auch Hedy Lamarr.

INSTANT KARMA
USA 1990
Regie: Roderick Taylor – Produktion: Dale Rosenbloom, Bruce A. Taylor, George Edwards – Drehbuch: Bruce A. Taylor, Rosenbloom – Kamera: Thomas Jewett – Musik: Joel Goldsmith – Darsteller: Craig Sheffer, Chelsea Noble, David Cassidy, Hedy Lamarr, Annette Sinclair, Alan Blumenfeld – Länge: 110 Min.

Der Autor-Produzent (Sheffer) einer Fernsehshow ist einsam und hat mancherlei Ärger: mit seinem Star (Cassidy), mit einem Produzenten und dem Finanzamt. Doch dann beginnt er, sich mit einer jungen Schauspielerin (Noble) zu treffen. Der Star (Cassidy) gibt ihm guten Rat und ein paar Pillen, angeblich zum Entspannen. Als der Autor sie bei einem Date mit der Schauspielerin nimmt, hat er Halluzinationen und kann sich am nächsten Morgen an nichts mehr erinnern. Dann rückt ihm das Finanzamt auf den Leib, der Star der Show wird wegen Drogenbesitzes verhaftet, die Show abgesetzt, und ein Autounfall endet beinahe tödlich. Zu Fuß macht er sich nun zu der Schauspielerin auf. Lamarr agiert in einer kleinen Rolle als ›Movie Goddess‹.

THAT'S ENTERTAINMENT III
USA 1994
Regie: Bud Friedgen/Michael J. Sheridan Produktion: Friedgen/Sheridan/MGM/ Turner Entertainment Company – Drehbuch: Friedgen/Sheridan – Sound: David Kelson, Bill Teague – Länge: 113 Min.

Eine dokumentarische Hommage an die MGM-Musicals aus Hollywoods großer Zeit, in der alles, was damals Rang und Namen hatte, in alten Filmclips, zum Teil auch in neu gedrehten Sequenzen, auftaucht, darunter auch Lamarr in ›Ziegfeld Girl‹.

LITERATUR

Hedy Lamarr: Ecstasy and me – My Life as a Woman, New York 1966 (dt.: Ekstase und ich. Skandalöse Enthüllungen aus sechs Hollywood-Ehen. Aus dem Amerikanischen von Hedi und Hannes Baiko, Flensburg 1967).

Christopher Young: The Films of Hedy Lamarr, Secaucus/N.J., 1978.

———

Fred Basten: Max Factor's Hollywood. The History of the Max Factor Cosmetic Co., New York 1995.

Richard Brem/Theo Ligthart (Hg.): Hommage à(accent grave) Hedy Lamarr. Wien 1999.

Otto Friedrich: City of Nets, New York 1986 (dt. Markt der schönen Lügen. Die Geschichte Hollywoods in seiner großen Zeit. Aus dem Amerikanischen von Barbara Bortfeldt, Köln 1988).

Peter Hay: MGM. When the Lion Roars, Atlanta 1991.

John Kobal: Hollywood Glamour Portraits. 145 Photos of Stars, 1926–1949, New York 1976.

Ders.: Movie-Star Portraits of the Forties. 163 Glamour Photos, New York 1977.

Peter Kranzpiller: Hedy Lamarr (= Stars der Kinoszene, Band 13). Verlag Wilfried Eppe, Bergatreute 1997.

Penny Proddow u. a.: Hollywood Jewels. Movies, Jewelry, Stars, New York 1992.

David Shipman: The Great Movie Stars 1. The Golden Years, 3. Auflage, London 1982.

David Thomson: A Biographical Dictionary of Film, 3. Auflage, New York 1995.

Parker Tyler: Classics of the Foreign Film. A Pictorial Treasury by Parker Tyler, London 1962 (mit einem Essay über ›Ekstase‹, S. 94 f.).

Michael Wood: America in the Movies or ›Santa Maria, it had slipped my mind‹, New York 1975.

Friedemann Beyer
Schöner als der Tod
Das Leben der Sybille Schmitz

206 S., 83 Abb. (davon 32 in Duotone)
DM 38.– ISBN 3-923646-72-0

Sybille Schmitz (1909–1955) war eine Ausnahmeerscheinung: keine dieser glatten Salondamen oder tanzwütigen Revuegirls der Epoche. Und eine Außenseiterin, die ihre Vorliebe für das eigene Geschlecht ebensowenig verheimlichte wie ihre Abneigung gegenüber dem Nationalsozialismus.

1909 in Düren (Rheinland) geboren, in einer Klosterschule erzogen, debütiert sie 1927 bei Max Reinhardt am Deutschen Theater in Berlin. Nach kleinen Engagements (u. a. in Papsts *Tagebuch einer Verlorenen*) holt sie Carl Theodor Dreyer 1932 für seinen phantastischen Horrorfilm *Vampyr* nach Frankreich. Ihren Durchbruch erlebt sie in Karl Hartls *F.P. 1 antwortet nicht*, wo sie an der Seite von Hans Albers in schwerer Lederkluft zur Rettung einer künstlichen Ozeaninsel fliegt.

In mehr als drei Dutzend Filmen hat sie gespielt, die Hälfte davon in Hauptrollen. Mit prominenten Partnern wie Hans Albers, Heinz Rühmann oder Gustaf Gründgens: Daß Sybille Schmitz selten nach ihren Fähigkeiten eingesetzt wurde, lag aber auch am favorisierten Genre der Zeit: in den Unterhaltungsfilmen der Ufa wirkte das ernste, abgründige Wesen dieser Frau wie ein störender Schatten.

Rainer Werner Fassbinder ließ sich durch ihr Schicksal zu seinem Film *Die Sehnsucht der Veronika Voss* (1982) inspirieren.

belleville Verlag Michael Farin
Hormayrstr. 15 · 80997 München